その死に方は、迷惑です

本田桂子
Honda Keiko

a pilot of wisdom

目次

◎第四章 本当に「使える」遺言書をつくろう

Ⅲ　尊厳死の宣言書

◎第六章　あの人に遺言書を書いてもらうための方法――225

図版作成／テラエンジン

プロローグ　自分の最後は、自分でまもるしかない

■元気なうちに、「最悪の事態」に備えよう

あなたは、自分の死後の後始末について考えたことがあるだろうか？　つまり、誰があなたの葬儀をとりしきり、誰があなたの財産を手に入れるかといったことだ。

こう聞くと、中には「縁起でもない」と怒り出したり、「家族がなんとかするはずだから、自分には関係ない」などと、無関心を決め込む人もいるかもしれない。

それでは質問を変えて、もしあなたが年をとってボケてしまったり、病気やけがのために寝たきり状態になったとしたらどうだろうか。まさか自分はそんな目にあわないと思っても、未来のことはわからない。まだ若いから大丈夫と思っていても、最近は若年性の認知症が注目されているし、突然、交通事故にあってしまうかもしれない。年齢に関係なく、誰にでもそのよ

うな状況に置かれる可能性はあるのだ。

将来、自分が年をとって直面するかもしれないさまざまな事態を想像すると、漠然とした不安を感じざるをえない。しかし、日頃の忙しさにかまけてなんの対策もとらずにいたり、「そのときはそのときで、なんとかなるさ」とわけもなく楽観して、そのままやりすごしている人も多いはずだ。あなたもまた、その一人ではないだろうか。

自分に万一のことがあったときに、家族に迷惑をかけたり、この世に悔いをのこしたりすることなく、スマートにあの世に旅立ちたい。あるいは、判断能力が低下したり寝たきり状態になったとしても、みじめな思いをすることなく、まわりから最善の取り扱いを受けられるようにしたい。

もし、あなたが少しでもそのように願うのなら、本書はきっと役に立つだろう。この本には、あなたがそんな目にあったときでも自分自身や家族の生活をまもり、自分の希望を最大限にかなえるための具体的な方法がいくつか書かれている。その中から、きっとあなたにぴったりの方法がみつかるはずだ。

「生、老、病、死」——人が生きていくうえで、老いと病気、そして死を避けることはできない。しかしあらかじめ手を打っておけば、いざそうなったときに自分や家族が受けるダメージを最小限に抑えることができる。そして、それはいま、あなたが元気だからこそできることなのだ。

■マスコミをにぎわせた「困った」死に方とは

ここ数年、遺言や相続にまつわるニュースが世間をにぎわせている。たとえば、①遺産相続をめぐる兄弟げんかが話題になった相撲界の「若貴騒動」、②京都の老舗かばん店が後継者をめぐって分裂したお家騒動、③大学病院に入院していた女性患者が、主治医に巨額の財産をのこして問題になったケースなど、枚挙にいとまがない。そうかと思えば、④シンガポール在住の武道家が「山中で修行している日本の空手マスターから、秘伝書を受け取るように」という遺言をのこしたために、それを真に受けた家族がはるばる日本にやってきたが、なかなか発見できずに青森の雪山で遭難しかけたという、ちょっと変わったニュースもあった。

これらのケースでは、いずれも本人が亡くなったあと、意思をめぐって家族やまわりの人々がとまどい、結果として大混乱をきたしたわけだが、いったい何が問題だったのだろうか。

①若貴騒動
兄と弟のどちらが父親の遺産を受け継ぐかでおおいにもめたが、結局、兄が遺産を放棄することで決着がついた。マスコミ報道によると、トラブルの原因は、父親が遺産を誰に承継させるつもりなのか明確な意思表示をしなかったことにあるようだ。有名人の遺産争いということで世間の注目を集めたが、その内実はなんてことはない、日本の家庭でよくみられる相続トラブルの典型例といえるだろう。

また、この父親は遺言書をのこさなかったようだが、もしかするとビデオテープによる遺言があるのではと取りざたされた。しかし仮に、そんなものが存在したとしても、遺言としての法的効力はないので根本的な解決にはならなかっただろう。もし父親が自分の死後、家族がもめることを予想していたのなら、法律にのっとった正式な遺言書をのこすべきだった。

②家業の後継者をめぐる争い（老舗かばん店のお家騒動）
子どもたちがもめた原因は、次の三つと考えられる。
●遺言書が二通あったので、どちらが正しいのか、まわりが混乱した
●遺言書が自筆証書遺言（全文を自筆で書いたもの。詳細は後述）だったので、その筆跡が本

人のものかどうかをめぐって争いになった
●本人の生前の態度（三男を経営者として認める）と、遺言書の内容（長男などに株式を相続させる）が矛盾したので、遺言書が偽造ではないかと疑われた
もし亡くなった先代が、子どもたちが争わないでスムースに家業をついでくれることを願っていたのなら、自筆証書遺言ではなく、より証明力の高い公正証書遺言（詳細は後述）をつくり、そこになぜそのような遺言をしたのかという理由を書いておけば、無用な混乱を招かず遺族の納得も得られやすかったはずだ。

③主治医に全財産をのこした患者

入院中お世話になった医師にお礼をしたいという気持ちはわからなくもないが、相手の立場を考えなかったのが問題だった。またお金をのこすだけではなく、会社の経営やお墓・葬儀についてまで主治医にまかせようとしたことが、親族のいっそうの反発を招いたようだ。常識的に考えれば、主治医ではなく病院を受取人としてお金を寄付しただけなら、さほど問題にはならなかっただろう。

④シンガポールの武道家の遺言

なかなかロマンチックな話だが、存在するのかどうかもわからない秘伝書を探すはめになった家族やまわりの人の負担は大変なものだったろう。遺言をする際はあいまいな記憶をもとにせず、しっかりと事実確認をする必要があることをあらためて示した例といえる。

一般的に、死後のトラブルを避けたいのなら遺言書をつくるのがいちばんだと思われているが、これらの例からわかるように、遺言書をつくればそれで万事解決するというわけではない。自己流で遺言書をつくったら、様式にミスがあったために法的に無効になったというケースはよくあるし、様式は正しくても内容に問題があったために遺言が実現されないまま終わることもある。もしあなたが、自分が死んだあとに家族に迷惑をかけず、かつ自分の希望を最大限に実現させたいと望むのなら、遺言書の正しいつくり方を知ったうえで、どうすれば遺族がその内容をスムースに実現できるかまでを考えて、手を打つ必要があるといえる。

■尊厳死を希望するなら、意思表示が大切

死んだあとの話はさておき、まだ生きているうちの問題として、「尊厳死」がある。事故や

病気で回復の見込みがなくなった患者について、医師が患者本人や家族の同意なしに延命治療（臨終を避けられない末期状態の患者に、薬物投与や人工呼吸器の装着などさまざまな延命措置をほどこすこと）を中止したとして、刑事、民事責任を問われる事件が起きているのだ。

もし自分が医学的に回復の見込みのない状態になったときに、何本ものチューブをつながれて延命治療をほどこされ、肉体だけが生き続けることに抵抗感を抱く人は少なくないと思われる。では、そのような事態を避けるために何か具体的な手立てを講じているかといえば、そんな人はほとんどいないのが現状だ。

しかし、そのまま何もしないでほうっておくと、万一そのような事態になったとき、あなたは自分の意思をまわりに伝えることができず、死と判定されるまで不本意な延命治療をほどこされることになるし、同時に家族に大きな心理的・経済的負担を負わせることにもなりかねない。

それでは、積極的な延命治療を中止する尊厳死を希望する人が、それを実現するためには、どうすればいいのだろうか。

そもそも尊厳死については現在法律がなく、どのような場合に認められるのか明確な基準が定められていない（だからこそ問題になるのだが）。それでも、本人があらかじめ「延命治療はしてほしくない」とハッキリと意思表示し、家族も同意していれば、万一のときにその意思を尊重してもらえる可能性は高くなる。そのためには、まわりに話すだけでなく、自分の意思を客観的に証明できる書類を作成しておくことが必要不可欠だ。

■ボケたり寝たきり状態になっても、自分をまもる

体の問題だけでなく、判断能力が低下したときのことも考える必要がある。そのような状態になっただけでも不本意なのに、悪徳商法にひっかかって財産を失ったり、まともな治療を受けられずに放置されたりしたら、さらに悲惨だ。たとえ判断能力がなくなったとしても、人間としての尊厳や自分の財産をまもり、最善の治療を受けたいという当たり前の願いをかなえるためには、どうすればいいのだろう。

そのために最近利用する人が増えているのが、「任意後見制度」というものだ。これはあらかじめ信頼できる人を選んで委任契約を結んでおき、判断能力が低下したときの財産管理や医療施設の入所手続などの事務手続をまかせるという制度である。もし将来、自分がボケてしまったとしても、信頼できる人が責任をもって世話をしてくれると考えれば、不安が少しでも軽くなる気がしないだろうか。

また高齢になると、頭はハッキリしていても、足腰が弱ったり寝たきり状態になることもある。自分で買いものをしたり、銀行へ行くことなどができなくなったら、不便きわまりないだろう。もちろん家族にかわりにやってもらうことも考えられるが、お金のからむことを安易に人まかせにすれば、あとでトラブルになる可能性がある。本人に頼まれて預貯金を引き出した家族が、ほかの家族から「勝手に財産を使い込んでいる」と疑われるかもしれない。また最近、金融機関では本人確認を徹底しているため、本人以外が手続をしようとすると断られることがあり、手続自体ができないことも考えられる。

そのような不愉快な思いをしないためには、客観的に委任関係を証明する書類（財産管理等の委任契約書）をつくることが望ましい。「家族なのに他人行儀な」と思う人もいるかもしれないが、このようなことはかえって事務的にドライに割り切ったほうが感情的にこじれなくてすむ。家族にとっても、本人から正式に依頼を受けて手続をしてあげていることをまわりに堂々と示せるので、気分的に楽なはずだ。

■「遺言書＋生前三点セット」で万全の態勢を

このように、自分の死後や老後をまもるための方法はいろいろある。目的別にまとめると、

●死後のトラブルを防ぐ……遺言書
●高齢期のトラブルを防ぐ……財産管理等の委任契約書、任意後見契約書、尊厳死の宣言書
――便宜上、この三つの書類を「生前三点セット」と呼ぶことにする（もちろん、尊厳死を認めないという人もいるだろうから、その場合「生前二点セット」として読んでいただきたい）。

となる。くわしくは後述するが、もしあなたが遺言書をつくろうと考えていて、ある程度の年齢になっているのなら、まとめて「遺言書＋生前三点セット」をつくるようにおすすめする。死後のことだけでなく老後の生活についても万全の備えをすることで、将来の不安がぐんと軽くなるだろう。また、これらはいずれも公正証書にする必要性が高く、準備すべき書類も共通するものがあるため、一緒につくれば手間がかからないというメリットもある。

■心身ともに余裕のあるうちに備えることが大切

近年、ますます高齢化が進み、「余生」が長くなったのはけっこうなことだが、その分、病気や高齢により心身の自由がきかなくなる時間も長くなる傾向がある。もし、あなたが人生の

最終章を不本意な状態で終えるのではなく、最後まで自分らしく生き、周囲に迷惑をかけずにこの世に別れを告げたいと願うのなら、ぜひ、いまのうちにこれらの方法を活用して備えていただきたい。

「遺言書なんておおげさな」とか、「そんなことは、もっと年をとってからやればいい」と思っている人も、心身ともにまだエネルギーがあるうちにやっておかないと、いざというときに間に合わず、後悔することになりかねない。多少の手間や費用はかかっても、いまのうちに将来に備えておくことが、いつかあなた自身を助けるとともに大切な家族をまもることにもなる。そのとき、必ずや家族はあなたに感謝することだろう。

なお、本書ではなるべく専門用語を使わず、わかりやすい言葉で書くように心がけた。用語や表現が厳密には法律上正確ではない部分もあるかもしれないが、ご容赦いただきたい。また、プライバシーに配慮して、紹介した事例の設定や細部に多少の変更を加えていることをお断りしておく。

本書が、あなたの長い人生の航海を乗り切るための一助となれば幸いである。

第一章　いま、あなたが死んだら迷惑です

■相続手続は思ったよりも大変！

私は普段、行政書士として、また「ＮＰＯ法人遺言相続サポートセンター」の副理事長として、さまざまな人から遺言や相続について相談を受けたり、遺言書の作成や相続手続のサポートを行ったりしている。そういうと、あなたは「なんだ、お金持ち相手の商売か」と思うかもしれないが、実際はそうではない。

私のもとに相談に訪れるのは、お金持ちではなく、弁護士や信託銀行は敷居が高くて相談しにくいという年金生活者や主婦、サラリーマンなど一般の人ばかりだ。財産の総額は、マイホームを含めてもせいぜい三〇〇〇万円から五〇〇〇万円程度で、中には預貯金が一〇〇万円程度しかない人もいる。

だが世の中では、財産の額が少なくても、本人の死後それをめぐって遺族が対立し、いわゆる「争族」に発展することは珍しくない。この仕事を始めて私が学んだことの一つは、「遺産争いは、金額が多いか少ないかに関係なく起こるものだ」ということだ。実際のところ、相続トラブルは決してお金持ちだけの問題ではない。あなた自身も、これまでに親戚や知人が遺産相続でいがみあっている様子を見聞きしたことが、一度や二度はあるのではないだろうか。

そして、さらに私を驚かせたのは、相続手続の複雑さや大変さだった。相続手続とは、簡単にいえば死んだ人の財産をのこされた人が処分することだ。たとえば、マイホームの名義を配偶者に変更したり、銀行預金を解約して相続人同士でわけたりする。ただそれだけのことなのに、実際にやってみると非常に難しく、面倒で、ときには不可能なことさえあるのだ。

もし、あなたがこれまでに親族を亡くして相続手続を行ったことがあるならば、その難しさ、わずらわしさをわかっていただけるだろう。人が一人死ぬことで、驚くほどたくさんの手続や書類が必要になる。すべての手続を終えるために、遺族が多くの役所や金融機関をかけずりまわり、親族に頭を下げ、どれだけ時間と神経をすり減らすことになるのか。一度でも体験すれば、もう二度とごめんだと思うのではないだろうか。

相続トラブルというと、プロローグであげたような「遺産争い」をイメージする人が多いが、実際はそれよりも、このような相続手続の難しさやわずらわしさのほうが、より身近で深刻な問題ではないかと私は考えている。世間では、家族仲がよくて遺産争いにならないケースのほうが多いと思われるが、そのような場合でも相続手続が大変であることに変わりはないからだ。

そもそも通常、行政書士などの専門家でもないかぎり、相続手続に慣れている人はめったにいない。そのために段取りがよくわからず、すべての手続を終えるにはかなりの時間がかかる。

相続人の数や財産が多ければなおさらだ。遺族がよほどひまならともかく、仕事をもっていたり高齢や病気だったりすると、負担はかなり大きくなる。

「それが相続というものだから、しかたない」と思うかもしれないが、もしこのような場合に、遺言書がのこされていればどうだろうか。遺言書があれば、それをもとに相続手続を進めることができるので、大幅に手続が簡素化されるはずだ。また、遺産の配分をめぐって遺族が不愉快な思いをすることもなく、短時間でスムースに相続手続を終えることができるだろう。「遺言書さえあればすべての問題が解決する」とまではいわないが、遺族の負担が大幅に軽くなることは間違いない。

■昔と違って、いまは「ハンコ代」では解決できない

厚生労働省の二〇〇五年「人口動態統計」によると、日本では年間約一〇八万人が死亡しているという。その一方で、同じ二〇〇五年に公証役場で遺言書が作成されたのは七万件弱にすぎない（日本公証人連合会の調べによる）。いかに多くの人たちがなんの対策もたてないまま死んでいるのかがおわかりいただけると思う。のこされた家族たちは、それぞれに困ったり戸惑ったりしながら、なんとか遺族同士で折り合いをつけて、故人の死後の事務処理を行わなけ

ればならない。

しかし、相続手続は必ずしもスムースに進むとはかぎらない。中には遺産わけをめぐって遺族が対立し、自分たちだけでは解決できずに、家庭裁判所に持ち込むケースもある。家庭裁判所が遺産分割のための調停や審判を行った件数は、一九四九年には年間一一〇〇件あまりだったが、二〇〇五年には年間一万二〇〇〇件近くに達した（最高裁判所事務総局編「司法統計年報　家事編」による）。

相続トラブルが増えた原因の一つとして、戦後、相続についての法律改正があったことがあげられる。戦前は「家督相続」という制度があり、父親が亡くなると子どものうちの一人だけ、多くは長男が全財産を相続するのが当然とされていたため、ほかの家族がそれに異議を唱えることはあまりなかった。

戦後になると家督相続制は廃止され、子どもたち全員が平等に遺産を相続できるようになった。にもかかわらず、高齢者の中にはいまだに「財産は長男が相続するもの」という思い込みがあり、遺産相続において長男を優先させる傾向があるため、ほかの子どもたちが不平等感をもちやすくなったと考えられる。

以前はそのような不満に対処するために、よく「ハンコ代を払う」という方法がとられていた。特定の人が遺産の大半を相続するかわりに、ほかの相続人にある程度のお金を払って、遺産の放棄に同意してもらうというやり方だ。

だが、現在でもこの方法が通用するかどうかは、疑わしいといわざるをえない。戦後、個人主義が浸透して人々の権利意識が高まったことで、相続についても自分の権利を主張するのが当然となり、ほかの誰かのために自分を犠牲にするという考えはなくなりつつある。また、長かった不況の影響で家庭の貯蓄が減り、景気回復後も個人所得が伸び悩み、生活に不安を抱える人が多い中で、遺産相続というラッキーな「たなぼた」を無視できる人はそう多くないはずだ。その結果、わずかなハンコ代をもらって遺産を放棄するのではなく、自分の権利を主張し、納得できないときは裁判所に持ち込むという人が増えたのではないだろうか。

私も実際、仕事でそのようなケースに遭遇して、ハンコ代という考え方はもはや通用しない、時代遅れの考え方ではないかと感じたことがある。

それは、兄が亡くなり弟が相続手続をしようとしたケースだった。弟が唯一の相続人のはずだったが、調査をするうちに、もう一人異父兄がいることがわかった。相続手続には相続人全員の合意が必要なので、弟は異父兄に連絡をとることにした。弟にしてみれば、「これまで顔もみたことがない相手に遺産を渡すつもりは毛頭ないし、相手だってまさか遺産を要求したりはしないだろう。数万円、場合によっては数十万円程度のハンコ代を払って、相続放棄の書類にサインしてもらえば一件落着だ」と考えて異父兄に会いにいったのだが、相手からは予想外の反応が返ってきた。

「遺産を放棄しろって？　冗談じゃない。法律上は、俺にももらう権利があるんだろう。なのに、どうして放棄しなくちゃいけないんだ。なんなら、出るところに出てもいいんだぞ」と、すごまれてしまったのだ。

第三者からみれば、その異父兄の言い分は「ずうずうしい」のひとことかもしれない。だが、考えてみれば、彼の言い分もわからなくはない。これまでお互い親戚づきあいがなかったのは、親がその存在を隠していたからで、彼の責任ではないし、法律上はたしかに彼にも権利があるのだ。また彼にしてみれば、いきなり目の前に「弟」が現れただけでもショックなのに、その場で相続放棄の書類にサインしろと迫られるなんて、腹も立つだろう。

だが、これは、亡くなった兄にとっても不本意な事態には違いない。兄は生前、病弱な弟のためにずっと経済的な援助を続けていて、亡くなるときも弟のことを気にかけていたという。もし弟が兄の遺産をスムースに相続できないとなると、経済的に生活が立ちゆかなくなる可能性がある。いまさらいっても手遅れだが、兄が本当に弟のことを心配していたのなら、万一に備えて存命中に遺言書をつくっておくべきだったといえる。

これは少し特殊なケースかもしれないが、一般的な家庭においても、誰かに遺産を放棄してもらうことは簡単なことではない。故人が生前、相手に十分な経済的援助をしていたり、生前贈与をしていたなどの特別な事情がないかぎり、遺産を放棄してもらうのは難しいと考えたほうがいいだろう。

もしあなたが自分の死後、特定の人に財産の大半を相続させようと思っているのなら、はたしてほかの相続人がそれで納得するのかどうか、考えてみてほしい。あなたが勝手に、ほかの人は遺産を放棄してくれるはずだと思い込んでいても、そうなる保証はどこにもないのだ。

■年齢によって、遺言書をつくる理由は異なる

遺言書というと、かなり高齢になってからつくるものだというイメージがある。実際に私が遺言書の作成をサポートするケースは、六〇代から八〇代の人が中心だ。ある程度年齢をかさねて自分の行く末がみえてきたとき、のこされた家族が困らないように準備しておこうと考えるのは自然なことだろう。

しかし最近では、「遺言書は高齢者のもの」という既成概念が薄れつつある気がする。世間

で遺言書に対する関心が高まってきたのと同時に、若い人のあいだでも死後の後始末について考える人が増えてきたようだ。比較的若い人を対象にして遺言書の作成をアドバイスする本だとか、年齢に関係なく書けるエンディングノート（死後のことなどについて希望を書けるノート。二二六ページ参照）が多数出版され、そこそこの売れ行きをみせている。私自身、若い人からの相談を受けることが少なくなく、現実に遺言書をつくるまでにはいたらないとしても、関心をもつ人が増えているという実感がある。

高齢者と違い、若い世代が遺言書をつくる理由はさまざまだが、いまの社会状況を反映していると思われるものもある。たとえば、次のようなケースだ。

- 事実婚のカップルが、どちらかが亡くなったときに互いの財産を受け取れるようにする
- 結婚しても子どもをつくらない夫婦が、親きょうだいの干渉を受けずに、互いの財産を相続できるようにする
- 離婚を考えていたり仲の悪い夫婦が、相手に財産を「相続させない」ようにする
- 財産を、家族ではなく友人などの第三者に遺贈（遺言によって財産を贈与すること）したり、福祉団体に寄付できるようにする

独身ですでに両親が亡くなっている人の中には、自分に万一のことがあったとしても、きょうだいにだけは財産をのこしたくないと思う人もいるようだ。成人してからはめったにきょうだいと会う機会もないし、そもそも彼らは自分の財産形成になんの関与もしていない。そうするくらいなら、自分が普段から親しくしている友人や知人、ボランティア団体などに寄付したほうがいいと考えるらしい。私見だが、若い人ほど「血のつながり」よりも「心のつながり」を重視して、家族に対してドライで合理的な考え方をもつ人が多いように感じる。

また、中には海外に住む人からの相談もある。外国に単身赴任しているうちに日本にいる配偶者と疎遠になったので、財産を相続させないように遺言したいとか、自分は海外で幸せな家庭を築いているので、日本に住んでいる両親の財産を相続するつもりがないので手続をしたいなど、さまざまな事情があるようだ。

■「三無主義」が家族を不幸にする

世の中には、「自分が死んでも、あとはなんとかなるだろう」と甘い考えを抱いたままあの世に旅立ってしまう、無責任な父親や夫たちがあとをたたない。彼らがそうやって死後の後始末をまわりに押しつけたおかげで、のこされた家族がどんなに困ったり、気まずい思いをすることになるのか知っているのだろうか。

もし彼らが、遺産相続や死後の事務処理の大変さを十分承知しながら遺言書をつくらなかったのだとしたら、それは無責任以外の何ものでもない。あえて強い表現をするなら、そんな死に方は家族にとって迷惑である。

遺言書をつくるべきだと頭ではわかっていても、実際につくらない人の言い訳として、遺言書のつくり方がよくわからない（無知）、手間がかかりそうで面倒くさい（無精）、そんなものがなくても家族がなんとかしてくれるだろう（無責任）、などが考えられる。

だが、このような「三無主義」こそが家族を不幸にする元凶だということを、ここではっきりと警告しておきたい。必要だとわかっているのに、くわしいやり方を知ろうともしない、何もしないでほうっておくという態度は、家族から責められてもしかたがないだろう。生前いくら家族にいい顔をしていても、死後の備えを何もしていなければ、「先のことは何も考えてくれなかった」と、家族から文句が出ることになる。

また、最近、自分が生きているうちに葬儀のやり方を具体的に決めて、業者に依頼する人が増えているようだ（一般には「生前予約」という）。おしきせの葬儀がいやだとか、自分の思いどおりのスタイルで見送られたいとか理由はさまざまだが、のこされた家族に手間をかけたくないという思いは共通していると思われる。それもまた、家族への思いやりには違いない。

しかし、私の考えをいわせてもらえば、そのようなことはただの自己満足にすぎないのではないか。将来あなたが亡くなったときには、たしかに家族は葬儀の準備でてんてこまいするだろうが、それはせいぜい一週間程度のことで、面倒なら葬祭業者にまかせればすむだけの話だ。それよりは、葬儀が終わったあとに家族がいやおうなしに直面する、わずらわしい相続手続について生前に準備しておいたほうが、はるかに家族の負担を軽減し、家族から感謝されるのではないだろうか。

もちろん、葬儀の生前予約をするのは悪いことではないが、それだけで満足するのではなく、葬儀のあとのことも考えてぜひ手を打っていただきたいと、私は思う。

■遺言書は第二の婚姻届

もしあなたが既婚者なら、結婚したときの気持ちを思い出してほしい。これからずっとこの人と互いに支え合い、一緒に生きていこうと誓ったことを。婚姻届にサインをして役所に提出したときの満たされた気持ちを。

それから長い年月が流れて、もしかすると中にはそのときの思いが薄れている人もいるかもしれない。しかし遺言書をつくると、そのときの気持ちを少しでも思い出すことができるだろう。誰にどの財産を相続させるか考えることは、とりもなおさず、自分にとって誰がいちばん大切な存在であるかを、あらためて認識することにつながるはずだ。

もし、いまでも配偶者のことをいちばん大切に思うのなら、彼女（彼）の生活をまもることを最優先にした遺言書を作成することになるだろう。自分が死んでも、相手がトラブルに巻き込まれることなく平穏な暮らしを続けられるように、さまざまな配慮をして内容を考えるだろう。そうしてつくられた遺言書は、配偶者への愛の証《あかし》であると同時に、これからもずっとその人を支え続けるのだという決意表明であり、いってみれば「第二の婚姻届」とでも呼ぶべきものだ。

最近は婚姻届を出さず、いわゆる「事実婚」を選択する人が増えているようだが、そのような人々にとっても遺言書は大きな意義がある。このようなカップルは互いに相続権がないので、遺言書で指定することによってはじめて互いの財産を取得できるようになるというメリットがある。それだけでなく、彼らにとって遺言書は「相手が自分にとっていちばん大切な人であること」を公的に表明できる唯一の書類といえる。

もちろん中には、あらためて考えると配偶者はそれほど大切ではなく、子どもや孫、友人のほうが大切な存在になっていることに気づく人もいるかもしれない。その場合、遺言書は「精神的な離婚届」となってしまうが、それはそれで自分にとって誰が本当に大切な存在かがわかり、今後の人生を考えるうえでよかったと前向きにとらえてはいかがだろう。

また、遺言書をつくることは、独身の人にとっても、大切なのは誰なのかということや、これからの生き方、社会貢献などについて考えるいい機会になる。

■日本で遺言書があまり普及していない理由

欧米では、財産の多少に関係なく遺言書を作成することが一般的で、むしろ作成しないほうが例外的だという。それに対し、日本では遺言書の意義があまり理解されておらず、つくる人が少ないうえ、「遺言書はお金持ちのもの」で一般の人には関係ないとさえ思われている。この違いはどこからきているのだろうか。

まず、日本では昔から戸籍制度が発達していることがあげられる。欧米には日本のような戸籍制度がなく、遺言書がなければ相続人の確定が難しいが、日本ではわざわざ遺言書をつくらなくても、戸籍をみれば誰が相続人なのか一目瞭然だからだ。

第二に、日本には金銭的な問題について家族と話し合ったり、それについて考えることを恥ずかしいと感じる風潮がある。遺言書をつくると、まるで自分の財産をめぐって争うのではと家族を疑っているようで、きまりが悪い。そこで、あえてなんの備えもせず、家族に死後の事務処理を全面的にゆだねることで、家族への信頼を示すというわけだ。

第三に、日本では長いあいだ、「死」について考えること自体がタブー視されてきた。「死後のことを考えるなんて縁起でもない。それに、自分は遺言書をつくるほど年をとっていないし、病気でもないのだから、そんな必要はない」と考えてしまう。

また、「遺言」という制度そのもののアピール不足もある。もともと民法では、本人の死後、財産をどのように処分するかは遺族が勝手に決めるのではなく、本人の意思（遺言）が最優先されることになっているのだが、遺言という制度があまりにも一般の人々から縁遠いものになっているために、実際は本人の意思よりも遺族の考えのほうが優先されるという逆転現象が生じているのだ。

■生命保険には入るのに、なぜ遺言書はつくらないのか

このように、遺言書を取り巻く状況はあまりいいといえないが、これとは対照的なのが生命

保険だ。遺言書も生命保険も、自分の死後、遺族が困らないためのものという点では共通しているが、前述したように遺言書が作成されたのが年間七万件弱にすぎないのに対し、生命保険の世帯加入率は八七・五％にのぼる（生命保険文化センター「平成18年度生命保険に関する全国実態調査〈速報版〉」による）。この歴然とした差はなんなのだろうか。

近代的な生命保険会社がはじめて日本で設立されたのは明治時代だが、おそらく当時の日本人にとって「生命をお金に換算する」という発想はなじみにくいものだったに違いない。しかしそれ以降、多くの保険会社が消費者に熾烈《しれつ》なアピール合戦を繰り広げたために、国民のあいだで生命保険についての認知度が急速に高まり、いまでは保険に入らないと不安だという風潮にまでなっている。

これに対して、遺言書についてはそこまで積極的にアピールする人がいないため（公証人の団体が広報活動を行ってはいるが、劇的な効果が上がっているとは思われない）、その制度や有用性について広く知られることもなく、いまだにごく一部の人が利用するだけの地味な存在のままである。実に残念なことだ。

ところで、生命保険と遺言書にはそれぞれどのようなメリットがあるのか考えてみよう。

生命保険は万一のとき、受取人にまとまったお金が入る。保険金の額にもよるが、一家の大黒柱を失っても今後の生活費に困らなくてすむという点で、大きなメリットがある。

一方、遺言書には、遺族が故人の財産をスムースに引き継げるというメリットがある。遺族が遺産分割協議でもめていやな思いをしたり、配偶者がこれまで住んでいた家を追い出されたりしないように、遺族の生活をまもることもできる。

つまり、生命保険は遺族の金銭面について保障をし、遺言書は遺族の生活面をまもることができるという点で、大きな意義があるといえる。

「生命保険と遺言書は車の両輪」――これが私の実感である。片方だけだとカバーできない領域が、両方準備することによってより完璧に近い備えになる。もし現在、生命保険の加入や見直しを考えている方がいれば、ぜひ遺言書の作成についても検討することをおすすめしたい。

■「費用対効果」でみれば、遺言書はこんなにおトク

コスト面で考えても、遺言書にはリーズナブルな費用で、その後一生にわたっての安心を買うことができるというメリットがある。

具体例をあげてみよう。四〇ページの図表をみてほしい。

もちろん、生命保険と遺言書では性格が違うので単純には比較できないが、三〇年分の保険

【生命保険と遺言書の費用の比較】

● 生命保険の場合

45歳の男性

- 3,000万円の定期保険に加入
- 保険期間…30年
- 保険料…月払いで約30,000円、年払いで約34万円

↓

年払いで30年間支払い続けた場合の保険料は、総額 約1,020万円 になる

※一般的に保険料が割安といわれている通販専門の保険会社のホームページで試算

● 遺言書の場合

45歳の男性

- 総額 3,000万円の財産（マイホームと預貯金）を妻に相続させるという遺言書を作成した場合
- 有効期間… 一生（遺言書を書き換えない場合）
- 公正証書遺言の作成費用… 約37,000円

料総額が一〇二〇万円ほどなのに対し、遺言書はたった三万七〇〇〇円程度で一生にわたる安心が買えると考えれば、ずいぶん安いという印象がある。

先の生命保険文化センターの調査では、一世帯あたりの生命保険料は月平均で約四万四〇〇〇円だ。ということは、たった一か月分の保険料で、遺言書の作成費用一回分がまかなえる計算になる。

参考までに、公正証書遺言の作成にかかる手数料の詳細は一五七ページにのせてある。たとえば、一億円の財産を一人に相続させる場合の公証人の手数料は、たったの四万三〇〇〇円だ。遺言書をつくる費用は意外と安いということを、わかっていただけるのではないかと思う。

さらに生命保険の場合は、本人が高齢や病気だと加入できないことがあるが、遺言書はそんなことを気にする必要はなく、いつでも作成できる（ただし、病気やけがなどで意思表示ができない場合は除く）。

このような視点から考えると、生命保険に加入するよりも遺言書をつくるほうが気軽にできるといえるのではないだろうか。

第二章　遺言書は、なんのためにつくるのか

Ⅰ　遺書と遺言書の違い

■あなたの思いと、家族の思いにはズレがあって当然

「私には遺言書なんて必要ない」と思っている人は、もしかすると家族に過大な信頼感を抱いているのかもしれない。おそらく、「私が死んだら、家族は自分の考えどおりに処理してくれるはずだ」と、楽観的に考えているのだろう。

しかし、あなたの気持ちは本当に家族に伝わっているのだろうか。家族の思いとのあいだにズレが存在したりしないのだろうか。世間でありがちなケースをもとに考えてみよう。

▼ケース1　七〇代の男性（妻と子ども二人）
「財産といっても、マイホームと預貯金が数百万円ぐらいだから、相続税もかからないし、ましてや遺産争いなんて起きるわけがない。私が死んだら、この家は妻の名義にして、預貯金は

子どもたちで平等にわければいい。何も問題は起きないだろう」
●長男の言い分――「親父が死んだら、この土地建物は俺のものだよな。どうせ将来、俺たち夫婦がお袋と同居して面倒をみることになるんだから、遺産をたくさんもらわないと割にあわないよ」
●長女の言い分――「お兄ちゃんは大学に行かせてもらって、事業資金まで援助してもらったけど、私は高卒だし、結婚式の費用を少し出してもらっただけ。せめてお父さんの遺産は、お兄ちゃんより多くもらわないと不公平だわ」

▼ケース2　四〇代後半の男性（既婚、子どもなし）
「結婚して、もうすぐ二〇年か。もう子どもをもつのは無理そうだな。まあ、これからの人生を妻と二人でやっていくのも悪くはないか。もし私に何かあっても、生命保険に入っているし、マイホームもあるから妻は生活していけるだろう。法律上は私の弟も一応、財産を相続する権利があるらしいけど、普段からあまりつきあいがないし、まさか遺産をよこせなんてずうずうしいことはいわないはずだ」
●弟の言い分（数年後、兄が事故で亡くなったと聞いて）――「えっ、兄貴が死んだの？　たしか子どもはいないんでしょ。……ということは、俺にも四分の一、相続権があるってことか。いまあの家を売ったら二〇〇〇万円ぐらいにはなるだろうから、俺の取り分は五〇〇万円か。あと、預貯金はどれぐらいあるのか調べなきゃな」

このように、いくらあなたは家族のことを信じていても、相手がこちらの気持ちを理解してくれているとはかぎらない。たとえ長年連れそった夫婦でも、言葉に出さないで自分の考えを具体的に伝えようなんて、テレパシーでもなければ無理な話だ。
また家族仲についても、あなたと家族のあいだに認識のズレがあって当たり前だと考えたほうがいい。「うちの家族にはなんの問題もない」と思っているのは、実はあなただけで、ほかの家族はそれぞれなんらかの不満を抱いているかもしれない。「うちは家族仲がいいから大丈夫」と過信してなんの手も打たないでいると、将来、あなたが死んだときに大変なことになりかねない。

■あなたの「思い」は、形にしないとのこらない

遺産相続でもめる理由の一つは、亡くなった人が何を考えていたのか、遺族には正確にわからないことだ。そのために、遺族がそれぞれ自分勝手な思惑や想像でものを言い出し、しかもそこに私利私欲がからんでくると収拾がつかなくなる。もし、あなたに自分の財産をこのように処分してほしいという希望があるのなら、心の中にしまわずにはっきりと表明しておかなければならない。

かといって、単なる口約束だと、あとで「いった、いわない」のトラブルになるのは目にみえている。仮にいま、あなたが家族の誰かに全財産を相続させると約束していても、なんの手続もせずそのままあなたが死んでしまったら、ただの絵空事に終わってしまうだろう。

特に、家族以外の第三者に財産をのこそうと考えているのなら、正式な遺言書がなければ相手には一銭も渡らないと考えて間違いない。あなたが死んだあと、家族がその人に財産をわけてくれるだろうなどと勝手に期待していても、遺族がわざわざ自分に不利なこと（第三者への財産贈与）をするとは、まず考えられないからだ。

だからこそ、元気なうちに遺言書をつくる必要がある。

家族のほうでも口には出さないが、遺言について気にしている。冠婚葬祭互助会「くらしの友」が、二〇〇七年に首都圏在住の団塊世代（一九四七〜四九年生まれ）の既婚女性約四〇〇人に調査したところ、「両親が亡くなる前に聞いておきたいこと」のトップは「遺言の有無」

と葬儀の「参列者リスト」だったそうだ（毎日新聞二〇〇七年三月一四日より）。遺産相続や葬儀について、本人がどのように希望しているのか、またそのようにしてあげたいと家族が思っていることがわかる。

■「遺書」と「遺言書」はどう違う？

ところで、あなたは遺書と遺言書の違いがわかるだろうか。

「言葉がちょっと違うだけで、中身は同じじゃないの？」と思うかもしれないが、法律的には実は大きな違いがある。ひとことでいえば、遺書はプライベートなもので、遺言書（「ゆいごんしょ」または「いごんしょ」と読む）は公的な性格をもつものだ。

たとえば、テレビドラマなどでこれから自殺する人が「お父さん、お母さん、先立つ不孝をお許しください」などと手紙を書く場面があるが、これは明らかに「遺書」である。あるいは親が死ぬまぎわに、「私が死んでもみんな仲よくするように」といった言葉を書きのこすのも、遺書の一種といえる。

このように、遺書とは家族や親しい人などにあてて書きのこした、ごく私的なメッセージのことだ。遺書をのこすことで家族に自分の思いを伝えたり、記された言葉が遺族の精神的な支えになるという点では意義があるだろう。だが、遺書はあくまでもプライベートなものにすぎないので、残念ながら遺産相続の場面においては、法律上なんの役にも立たない。

故人の日記についても同じことがいえる。あなたが亡くなったあとに、心情を書きつづった日記が発見されれば、家族は「へえ、そんなことを考えていたのか」とあなたの心境を思い、感慨にふけるだろう。そして、もし日記の中に遺産相続に関する部分があれば、それを参考にして遺産わけをする可能性もある。

しかし、日記に書かれたようなものはあくまでも「遺書」にすぎず、遺族に対する強制力をもたない。言い換えれば、遺族がそこに書かれたことを実行する義務はないということだ。もしあなたが自分の意思を確実に実現したいと望むのなら、プライベートな遺書ではなく、法律にのっとった正式な「遺言書」をつくる必要がある。

■「遺言書」は法律で書き方が決められている

遺書はプライベートなものなのでどのように書いても自由だが、遺言書は日付や署名、押印など法律に定められた書き方で作成されていなければ効力が生じない。

そのため、本人は遺言書のつもりで書いたのに、実際は法的な要件をみたさず無効になることとがある。たまに私のもとに、故人の書いたメモや手紙を持ち込んで、「これは遺言書ですよね」と尋ねる人がいるが、たいていはただの遺書にすぎないことが多い。

また、遺書と遺言書では書かれている内容も異なる。遺書は私的なメッセージが中心だが、遺言書は財産の処分方法など実務的な内容が中心になる。遺言書に書いてある内容のうち、効力をもつ項目は法律で決まっていて、それ以外のことは書いてあっても効力がない（一七一ページ参照）。

もちろん、遺言書に私的なメッセージを書いてもかまわないが、それはあくまでも「付言《ふげん》事項」（法的な効力はないが、遺族に伝えておきたいこと。一四〇ページ参照）として、最後のほうに付け足すのが一般的だ。もし、家族に長々としたメッセージをのこしたいのなら、遺言書以外に家族への手紙を用意したほうがいいだろう。

■「遺言書」の効果

それでは実際、遺言書はどのような役に立つのだろうか。わざわざ法律で書き方が決められているからには、何か公的な役割があるはずだ。

▼財産の相続手続が簡単になる

誰かが亡くなると、遺族はその人の預貯金を解約したり、不動産の名義変更などの相続手続をすることになる。その際、相続人全員による同意書や遺産分割協議書、印鑑証明書などが必要になる。相続人の数が多かったり、各地に分散しているような場合には、必要な書類を用意するだけでもけっこうな手間がかかる。だが遺言書があれば、原則として財産を受け取る人の分だけ書類を用意すればすむ。つまり相続手続が簡単になるというメリットがある。

たとえば、「妻に〇〇銀行の預金をすべて相続させる。遺言執行者（遺言の内容を実行する人）に妻を指定する」という遺言書があり、妻がその遺言書を銀行に持参すれば、預金の解約や名義変更がスムースにできる（金融機関によっては相続人全員の同意書を要求する場合もあるが、法律上は遺言書が優先すると主張していい）。また、友人のAさんに不動産を遺贈したい場合は、「Aに不動産を遺贈する。遺言執行者にAを指定する」とすれば、Aさんはその遺言書と権利証を登記所（法務局）に持ち込んで、不動産の名義を書き換えられる。

だが、遺言書があったとしても、これが自己流でつくられていて法律上の様式をみたしていなければどうだろう。そのようなものは遺言書としての効力がないので、簡素化した手続を行うことができず、原則として相続人が全員で遺産分割協議を行わなければならなくなる。うまく合意できればいいが、一人でも反対すればいつまでも手続ができないということになりかねない。

これでは、せっかく遺言書をつくった意味がない。このような事態を避けるために、遺言書は必ず法律上の様式にのっとって正確につくる必要がある。それを知らずにいい加減な遺言書をつくってしまうと、あとで遺族が困るし、あなたの意思も生かされないことになる。

▼子どもの認知など、身分上の手続ができる

「いままでは事情があって愛人との間にできた子どもを認知してやれなかったが、せめて自分が死んだあとは、その子どもを認知して財産をわけてあげたい」

もしあなたがそう考えるのなら、遺言書に子どもを認知すると書いて、財産を相続できるようにしてあげればいい。将来あなたが亡くなったら、遺言書で指定しておいた遺言執行者が市区町村役場に遺言書を持参して、認知の手続をしてくれるだろう。

もし生前に子どもを認知せず、遺言書ものこさなかったとすると、将来、その子が認知を求めて裁判を起こす可能性がある。自分の死後、家族をそんな目にあわせるぐらいなら、遺言書で認知したほうがまだマシ、といえるかもしれない。

これとは反対のパターンだが、遺言書によって相続人としての身分を奪うこともできる。たとえば、日頃から親を虐待したり非行に走るような子どもがいて、「あいつにだけは財産をやりたくない！」と思っているのなら、家庭裁判所にその子を相続人から除く（これを「相続人の廃除」という）ようにいまのうちに申し立てるか、そのように遺言書に書けばいい。遺言書の場合は、あなたの死後、遺言執行者が家庭裁判所に廃除の申し立てをして、それが認められればその子は相続権を失うことになる。このように、親子の縁を結ぶのも切るのも、遺言書しだいなのだ。

なお詳細は後述するが、遺言執行者には単独で相続手続ができるほどの強い権限がある。必ずしも指定しなくてもよいのだが、子どもの認知や相続人の廃除では遺言執行者が実際の手続を行うので、遺言書で指定する必要がある。

■遺言書がなければ、遺産相続はどうなるのか

あなたが遺言書をつくらないまま亡くなった場合、どんなふうに相続手続が行われることになるかをご存じだろうか。あまり興味のない人もいるだろうが、自分が死んだあと家族にどんな手間をかけることになるのか、知っておいたほうがいいと思う。また、それを知らなければ、

本書でいくら遺言書の効用について力説したところで、あなたがこの問題をリアルに自分のこととして考えることは難しいだろう。

たとえば、次のようなシーンを想像してほしい。父親であるあなたが、突然死んでしまったあとの一場面という設定だ。


葬儀がとどこおりなく終わり、家族がようやくひと息ついたところで、娘がこんなことを言い出した。「お父さんの銀行口座からお金をおろそうとしたら、窓口で断られちゃった。相続人全員の同意書か遺産分割協議書をつくってきてください、ですって」。それに対して妻が、「早く手続をしないと、当座の生活費が困るわねぇ。そういえば、この家の名義も変更しないといけないし……」という。

そんなわけで、あなたの家族は涙がかわくひまもなく、わずらわしい相続手続に取りかかることになる。

具体的な相続手続の手順は、次のとおりだ。
①家族があなたの財布や預金通帳、クレジットカード、郵便物、金庫の内容物などを調べて、
財産や負債を洗いざらい明らかにする

②あなたが生まれてから死ぬまでの一生分の戸籍謄本と、家族（相続人）の戸籍謄本・住民票・印鑑証明書、不動産の登記簿謄本・評価証明書など、相続手続に必要な書類を集める
③すべての財産の金額が明らかになったら、財産目録をつくる
④相続人全員で、誰がどの財産をもらうかを話し合い、うまくまとまったら遺産分割協議書をつくる
⑤遺産分割協議書をもとに、預貯金や不動産の名義変更手続をする

こうやって書いてみると簡単そうに思えるかもしれないが、実際はなかなかそうスムースにはいかないものだ。

まず①の段階で、家族はあなたの財産や負債を調査するのがどんなに大変か気づくだろう。社会生活を送るうえで、人はさまざまな相手と契約を結び、経済的なやりとりをしている。ほかの人の経済活動をすべて調べ上げるのは、たとえ家族であってもかなり面倒だし時間もかかる。

また、相続手続に必要な書類を集めるだけでもけっこう大変だ。戸籍謄本一つとっても、通常は一生のあいだに何度も戸籍が変わっているので（結婚や離婚を繰り返さなくても、役所の

システムが変わるごとに戸籍の形式も変わる)、すべてを集めるのは意外と手間がかかる。おまけに、金融機関ごとに要求される書類が微妙に異なる。預貯金の残高証明書をとるだけで数か月かかることも珍しくない。

そして、最大の難関は④の遺産分割協議だ。この時点で暗礁に乗り上げてしまい、にっちもさっちもいかなくなるのはよくある話だ。それまでは遺産なんて興味がないという顔をしていても、いざ具体的な金額がからんでくると、とたんに顔色が変わり、自分の取り分が少ないと文句を言い出す人もいる。普段は温厚な人も、お金がからむとどう豹変《ひょうへん》するかわからない。

いったん話し合いが決裂すると、お互いに感情的になってしまい、その後延々と泥仕合を続けることになりかねない。しびれをきらした誰かが、家庭裁判所の調停(家事審判官と調停委員の同席のもとで遺産分割について話し合う)に持ち込み、それでも決着がつかなければ審判(裁判官が強制的に遺産分割のやり方を決める)に進むなど、面倒なことになる場合もある。

なんとか遺産分割協議がまとまっても、心の中に不満を抱える人がいれば、後日それが火種となって争いに発展する可能性もある。相続人全員が心から納得して、その後の親族関係にしこりをのこさずスムースに相続手続を終えることは、相当難しいことだと考えたほうがいい。

■ほうっておくと相続手続ができなくなることがある

「よく相続手続は大変だというけれど、うちのおじいさんが死んだときは何もしなくて大丈夫だったよ」

ときどき、そんなことをいう人がいる。おそらく、そのおじいさんは相続税がかかるほどの財産がなかったので、遺族は相続手続をする必要性を感じなかったのだろう（実際は、預貯金の口座や不動産の名義変更など、手続が必要なものがあるはずだが）。

しかし、現在はなんの問題もないようにみえても、将来はどうだろうか。そのうち時間がたてば、おじいさんの相続人である子どもたちが年をとって亡くなり、さらにその子どもや孫が相続人になるなどして、どんどん事態がややこしくなっていくはずだ。

私が聞いた話では、最初は相続人が三人だけだったのが、何年か相続手続をしないでほうっておくうちに、いつのまにか二十数人に増えてしまい、相続について話し合うどころか、連絡をとることもままならず、もはや相続手続が不可能になったケースがあった。

もし親族が亡くなったら、財産が多い少ないにかかわらず、そのときどきにきちんと手続をしておかないと、財産を相続できなくなる可能性もあることを知っておいてほしい。

Ⅱ　遺言書に対する誤解

世の中には、遺言書や相続手続について間違った認識を抱いている人が少なくない。通常、何度も経験することではないので無理もないが、正しい知識がないと、結果として将来家族やまわりに迷惑をかけることになる。ここからは、世間によくある誤解について解説していこう。

■誤解1　「法律どおりに財産をわければ、問題は起きないはずだ」

おそらくもっとも多い誤解は、「遺産の取り分は法律で決まっているんだから、わざわざ遺言書をつくる必要はない」というものだろう。

たしかに、誰がどれだけ財産を相続できるかという割合は、法律で決められている（これを「法定相続分」という）。たとえば、亡くなった人に配偶者と子がいれば、配偶者と子は財産を二分の一ずつ相続する権利がある。もし子どもがなく、配偶者と、故人の直系尊属（父母や祖父母）がいる場合は、配偶者の相続分は三分の二、故人の直系尊属は三分の一になる。同様に子どもがなく、配偶者と、故人の兄弟姉妹がいる場合は、配偶者の相続分は四分の三、故人の兄弟姉妹は四分の一になる。

「それじゃ、そのとおりにわければいいじゃないか」という人もいるだろうが、実際はなかなかそうはいかないものだ。

第一に、故人の遺産をきっちりと法定相続分どおりにわけるのは至難の業だ。遺産のすべてが現金や預貯金ならともかく、たいていは不動産や非公開株など換金しにくいものも含まれている。相続税が発生したケースについてみれば、相続財産の五六%が不動産だというデータもある（国税庁「相続税の申告事績〈平成17年分〉」による）。

また、法定相続分どおりにわけると、かえって遺族が困る場合もある。たとえば、マイホームぐらいしか財産がないのに、複数の相続人がいて、一人がその家に住んでいるというようなケースだ。法定相続分どおりにわけようとすると、マイホームを売却して換金せざるをえず、それまでその家に住んでいた人は家を追い出されることになってしまう。

それに本来、法定相続分というのは、国が「このようにわけなさい」と国民に強制するものではない。「配偶者には最大、遺産の二分の一まで相続する権利がありますよ」というだけで、相続人がそのとおりにする義務はないのだ。だから、相続人全員が話し合って法定相続分とは違うやり方で財産をわけても、いっこうにかまわない。場合によっては、取り分がゼロになったり、立場の弱い相続人が涙をのむこともあるかもしれない。

要するに、遺産分割協議において、法定相続分はあくまでも一つの目安にすぎないということだ。もし相続人同士で話し合いがつかなくて、家庭裁判所の審判にまでもつれ込んだ場合は法定相続分でわけるように強制されることもあるが、通常は「法定相続分どおりにはわけられない」と心したほうがいいだろう。

■誤解2　「遺言書はお金持ちのためのもの」

「遺言書はお金持ちのためのものだから、一般の人には関係ない」という思い込みもよくある。しかし、ごく一般的な生活レベルにある人にとっても、遺言書の有用性はお金持ちとあまり変わらない。それどころか、お金がない人ほど遺言書をつくる必要性が高いとさえいうことができる。その理由は次のとおりだ。

▼理由①　相続手続のわずらわしさは金額と関係ない

お金持ちだろうがそうでなかろうが、相続手続のわずらわしさは万人に共通するものだ。預貯金などの額は少なくても、取引をしている金融機関の数が多ければそれだけ手続の手間がかかる。ためしに、あなたの財布を開いてみてほしい。キャッシュカードやクレジットカードが何枚入っているだろうか？　またインターネットで株式投資をしていたり、投資信託を保有したりしていないだろうか？　中には毎月、積立貯金や純金積立をしている人もいるだろう。もしあなたが亡くなったら、あなたの家族はそのすべてについて、解約や名義変更などの手続をしなければならなくなる。

また、あなたが不動産を所有していれば、その評価額にかかわらず遺族は相続登記をする必要がある。もし生前、建物を増築したのにそのことを登記していなかったり、親から受け継いだ不動産の名義を変更せずに放置していたような場合は、さらに手続が面倒になる。

それにそもそも、財産の額と相続人の数とは関係がない。相続人の数が多ければ、それだけ手続が煩雑になるのはお金持ちも一般人も変わらないのだ。

▼理由②　早く相続手続をしないと生活できない

銀行などの金融機関は、口座を開いている人が亡くなったという情報を得ると、誰かが勝手に財産を処分しないように口座を凍結してしまう。そして、お金をおろそうとする遺族に対し、相続人全員の同意書や遺産分割協議書など、さまざまな書類を出すように要求する。

もし一家の収入の支え手が死亡したうえ、なかなか遺産分割協議がまとまらない場合は、銀行からお金を引き出せなくて遺族が生活費に困ることもあるだろう（金融機関によってはお葬式の費用を引き出すことはできる）。遺産分割協議がスムースにまとまったとしても、相続人が多ければ必要な書類をそろえるだけで時間がかかるので、なかなか手続できず、そのあいだの生活資金が不足する可能性もある。

このような場合、「預貯金を○○に相続させる」という内容の遺言書があれば、遺産分割協議の必要はなく、スピーディにお金を引き出すことができる。経済的に余裕のない家庭ほど、「すぐに相続手続ができる」という遺言書があることのメリットは大きい（しかし、自筆証書遺言だと家庭裁判所の検認が必要なので、最低でも一か月程度の時間がかかる。詳細は一四七ページ参照）。

▼理由③　相続手続の費用がかさむ

相続手続をするためにはさまざまな書類が必要になるので、相続人は役所や金融機関に何度も足を運ぶことになる。ほかの相続人と遺産分割協議をするための交通費や通信費もかかるし、話し合うための時間もとられる。会社勤めをしている人なら有給休暇をとったり、早退や遅刻を繰り返すことにもなり、それが長期間にわたるとかなりの負担になる。また、高齢で体が不自由な人はなおさら大変だ。

結果的に、自分で手続をすることを断念し、行政書士や弁護士などの専門家に手続をまかせる人も多い。私も、「途中まで頑張ったが力つきた」というサラリーマンから依頼を受けることがけっこうあるが、彼らは一様に、これまで集めた書類の束をドサッと預けたあと、やれやれこれで解放されたと、ホッとした顔で帰っていく。

もちろん、面倒な手続を専門家にまかせるのは悪いことではないが、問題は費用がかさむことだ。遺産の内容や個々の事情にもよるが、通常、相続手続の報酬は最低でも二〇〜三〇万円ほどかかる。手続だけでなく、自分のかわりにほかの相続人との交渉を依頼したりすれば、さらに金額はアップする。もし遺言書があれば、遺族はそんなよけいな出費をせずにすむはずだ。

これは余談だが、私が以前ファイナンシャルプランナーとして公的機関の相談員をしていたとき、「相続手続の費用が高くて困る」と、ある女性から愚痴をこぼされたことがあった。独身の姉が亡くなり弁護士に相続手続を依頼したら、預貯金の解約手続だけで五〇万円かかったというのだ。弁護士報酬は人によってまちまちだが、正直これは高いのではと思った。

遺産をめぐって遺族が争っているなど問題のあるケースでは、弁護士に依頼する実益はあるが、ごく単純な相続手続のために弁護士に依頼する必要はあまりない。どのような場合にどの専門家に相談するべきかについては第四章で解説するが、そういうことを知らないと高い費用を払うことになりがちだ。お金のない相続人にとっては、切実な問題といえるだろう。

あなたがいま、遺言書をつくるための数万円の出費をケチったばかりに、死後、家族が専門家に数十万円（裁判ざたになったら一〇〇万円以上になる可能性もある）を払うはめになるなんて、ばかばかしいと思わないだろうか。

▼理由④　裁判をすると割にあわない

もし相続人同士の話し合いがまとまらず、最終的に家庭裁判所での調停・審判・裁判などということになれば、弁護士費用や裁判費用がかかるし、かなりの時間も費やすことになる。

遠く離れたところに住むきょうだいに対して訴訟を起こすような場合は、現地の裁判所の呼び出しに応じるための交通費もかかる。遺産が高額だったり、相続人に時間的、金銭的余裕があるのなら別だが、そうでなければ、たとえ勝訴したところで割にあわないことも多いだろう。

遺産争いが生じても、おいそれと裁判に訴えることが難しい人にとっては、そんなことをしなくてもスムースに相続できる点において、遺言書をのこしてもらう意義は大きい。

■誤解3 「うちは家族仲がいいから、相続でもめるわけがない」

「うちは大丈夫」と思い込んでいる人は、二つの点で勘違いをしている。

一つは、自分が死んでも家族の関係は変わらないと考えていることだ。しかし、これまで家族に問題がなかったのはあなたが生きていたからであって、もしあなたが亡くなれば家族間の微妙なバランスが崩れ、のこされた家族の関係が変わることは十分考えられる。世の中では、父親が亡くなったあと長男が急にいばりだしたり、母親が遠慮がちになったり、長女が実家と疎遠になったりといったことはよくある。たとえ家族同士は仲がよくても、その配偶者や親戚が相続問題に口を出してこじれることもあるので、油断できない。「うちの家族にかぎってそんなことはない」などと過信せず、自分がいなくなったあとも家族が仲よくいられるように対策をたてておくのが、家族への思いやりというものではないだろうか。

もう一つの勘違いは、そもそも家族仲がよければ相続で問題が生じることはない、という考え方にある。たしかに遺産分割協議でもめることはないかもしれないが、相続手続そのものにおいては、家族仲がよかろうが悪かろうが関係はない。相続人の数が多ければ必要書類を集めるだけでひと苦労だし、財産が多かったり資産評価が難しいものがあれば、それだけ手間もかかる。子どもが未成年であれば、遺産分割協議をする前に家庭裁判所で特別代理人を立てる手続をする必要があるし（九七ページ参照）、相続人の誰かが海外にいたり行方不明だったりすれば、なかなか手続が進まない。家族仲がよくても、遺言書があったほうが何かと便利であることは間違いないのだ。

■誤解4 「他人に財産の内容を知られるのが、いやだ」

「公証役場でちゃんとした遺言書をつくったほうがいいのはわかるけど、他人に財産の中身を知られるのはいやだし、金額もたいしたことがないから恥ずかしい。やっぱり、将来もっとお金持ちになってからにしよう」

そんなふうに考えて、遺言書の作成を先延ばしにしていないだろうか。しかし、そんな理由でためらう必要はまったくない。

公正証書遺言をつくる際には、公証人と証人が立ち会うことになるので、彼らに財産のことを知られるのは不安だと思う人もいるかもしれない。しかし公証人は日頃から、仕事で何百、何千件と遺言書をつくっているので、いちいちその内容を気にとめたりはしないし、業務上の守秘義務もあるので他言される心配はない。

また、他人に財産の内容を知られたくないと思うのは、プライバシーをまもりたいという理由のほかに、知り合いに対してはつい見栄を張りたくなるからだと思われる。逆にいえば、まったく知らない人なら、相手がどう思おうが気にならないものだ。多少費用はかかるが、証人を決める際に公証役場に紹介してもらうか、行政書士、弁護士などの専門家に証人になってもらうように依頼すればいい。彼らもまた業務上の守秘義務があるので、おしゃべり好きの友人や親戚に頼むよりもはるかに安心だ。

さらにいえば、証人に財産の総額を知られることはまずない。通常、遺言書には「全財産を○○に相続させる」とか、「不動産を遺贈する」といった書き方をする。たとえ金額を書く場合でも、「預貯金のうち一〇〇万円を遺贈する」などと個別に書くことが多く、証人には財産の総額がわからないのが一般的だからだ。ただし財産の総額は、公証人が手数料計算の際に必要になるので、公証人には明らかにしなくてはならない。

■誤解5 「遺言書をつくったら、殺されるんじゃ……」

ある大金持ちが、長男に全財産をのこすという遺言書をつくったあと、死体となってみつかった。犯人は早く財産を自分のものにしたかった長男か、それともお金に困っていた次男が財産めあてに殺したのか。探偵は二人の容疑者のアリバイを崩すべく、独自の調査を開始した……。

テレビのサスペンスドラマではよくありそうな展開だが、現実には、遺言書をめぐって殺人にいたるケースはめったにない。法律はうまくできていて、相続人となるべき人が被相続人を殺したり、脅して無理やり遺言書を書かせたりすれば、その時点で相続人の資格を失うことになっている。

ただ、そこまでいかないとしても、「〇〇に財産を相続させる」という遺言書をつくったとたんに、相手が安心して、遺言をした人に対する態度がぞんざいになったという話はよく聞く。財産の行方が決まってしまえばこっちのものというわけだ。遺言をした本人にとってみれば、憤懣《ふんまん》やるかたない話である。

もちろん、遺言書はいつでも書き換えられるので、そんな目にあったら内容を書き換えればいいだけの話だが、お互いに不愉快な思いをしたくないのなら、はじめから相手に遺言書を作成したことを話さないのがいちばんだ。生きているうちに相手に感謝の意を伝えたいという気持ちはわかるが、その善意がかえってこれまでの関係を台なしにすることもある。よほど信頼関係のある相手でなければ遺言書の内容は話さないほうがいい。

■誤解6　「遺言書をつくるのは、もっと年をとってからでいい」

どうも世間では、「遺言書＝高齢者がつくるもの」というイメージが定着しているようだが、別に何歳以上でなければ遺言書をつくる資格がないというわけではない。知らない人も多いようだが、そもそも法律上は一五歳以上なら基本的に誰でも遺言できるのだから、その気になれば中学生でも法律的に有効な遺言書をつくれるのだ。

考えようによっては、高齢者よりも若い世代のほうが遺言書をつくる必要性が高いといえる。高齢者が近い将来亡くなるのは予想できるので、たとえ遺言書をのこさなくても、周囲はある程度事前に対策をたてることができる（生前贈与をしてもらうなど）。また、本人がすでに仕事から引退していれば、亡くなった場合に周囲に与える影響は少ないだろう。

しかし、これが四〇代ぐらいの働き盛りならそうはいかない。突然、幼い子どもをのこして一家の大黒柱を失ったら家族は困りはてるし、もしその人が事業を経営していたら、たちまち行き詰まりかねない。死がまわりに与える影響は、年齢が若いほうがはるかに大きいのだ。

二〇〜三〇代の子どものいない若い夫婦にとっても、遺言や相続は無関係なわけではない。若い人の場合、親きょうだいがまだ生きていることが多いので、夫婦のどちらかが亡くなると、その親きょうだいが相続人として登場し、ひともんちゃく起こす可能性もあるからだ。特に嫁としゅうとめの関係が日頃からうまくいっていない場合は、深刻な対立関係に陥ることがある。

私が相談を受けたケースでは、会社を経営していた三〇代の男性が突然、病気で亡くなったというものがあった。子どもがいないため、妻と、男性の両親が相続人になったが、日頃から嫁としゅうとめの仲が悪く、遺産分割でおおいにもめた。妻にしてみれば、毛嫌いしているしゅうとめに、なんで愛する夫の財産をあげなければならないのかということになるし、しゅうとめにしてみれば、まだ結婚してまもない嫁に息子の財産のほとんどをもっていかれるのは我慢できない。「あなたはまだ若いんだから、財産なんてもらわずに再婚すればいいじゃない」というわけだ。また、このケースでは男性が経営していた会社の株式を誰が相続するかが、大きな問題になった。株式を相続する人が、会社の経営権を握ることになるからだ。社長が死んだあとに経営権をめぐって親族が争っているという状況は、社員たちにとって気が気ではなかっただろう。

おそらく亡くなった本人も、まわりにいた人々も、その若さで死ぬとは想像もしていなかったであろうが、社会的に責任のある人は年齢に関係なく、自分の死というリスクに備えておくべきである。生命保険に入っていれば大丈夫と思うかもしれないが、このように保険ではカバーできない問題があることを忘れてはならない。

■誤解7　「自分の財産なのに、自由に使えなくなる」

いったん遺言書を書いてしまったら、もう財産が自分だけのものではなくなり、自由に使えなくなるんじゃないか——。そんな心配をする人もいる。

しかし、それはまったくの杞憂《きゆう》だ。財産があなたのものでなくなるわけではないし、生きているうちに自分の財産をどう使おうが自由だ。

もし遺言書に、「全財産を○○に相続させる（または遺贈する）」と書いたとしても、それはあくまでもあなたが亡くなった時点でのこっている全財産のことであり、それまでのあいだに財産が増えたり減ったりするのは当然である。遺言書をつくったからといって、財産を現状のまま維持しなければならないといった束縛を受けるわけではない。だから、たとえば「自動車を長男に相続させる」と遺言したあと、気が変わってそれを売ってしまってもかまわない。法律上は、遺言書のうちその自動車に関する部分が撤回されただけの話だからだ。

ただし将来、あまりにも遺言の内容と現実がかけ離れているとトラブルのもとになるので、注意する必要がある。「長男には土地を、次男には家を相続させる」と書いておいて、生きているうちに家を取り壊してしまったとしたら、次男はおおいに不満をもつだろう。このように事情が変わったら遺言書を書き直すべきである。少なくとも不動産や高額な財産については、すみやかに作成し直そう。

■誤解8 「遺言書をつくったら税金がかかる」

なぜか、遺言書をつくると税金がかかると思い込んでいる人もいる。相続に関することにはなんでも税金が関係してくるというイメージがあるのだろうか。もしあなたがそう思い込んでいるとすれば、安心してほしい。遺言書をつくったからといって、税金がかかることはない。遺言書は、本人の死後、財産をどのように処分してほしいかという指示を出すだけのものであって、現時点で財産の所有権が変動するわけではないからだ。

もちろん将来、実際に相続手続をするときには、場合によっては相続税がかかることもあるので、気になる人は事前に税理士に相談するなどして調査したほうがいい。しかし、相続税は遺産の額が一定額を超えてはじめてかかるものだ。その範囲（基礎控除額）内なら、税金はかからない。参考までに、基礎控除は次のようにして計算する。

一〇〇〇万円×法定相続人の数＋五〇〇〇万円
たとえば、法定相続人が四人なら、基礎控除は一〇〇〇万円×四人＋五〇〇〇万円＝九〇〇〇万円だ。ただし相続税がかかるケースは年間死亡者の約四～五％にすぎないといわれている。よほど財産が高額でなければ、あまり気にする必要はないだろう。

■誤解9　「私は財産を全部使いはたして死ぬつもりだから、遺言書なんて必要ない」

自分の死期を確実に予測できる人は世の中にどれだけいるのだろうか。平均寿命を念頭に置いていているとしても、その年になれば誰でもポックリいくわけではなく、平均寿命を超えて生きる人も大勢いる。もし、死ぬつもりの年齢までにお金を使い切ってしまい、そのあと何年も生きることになったら、どうやって生活するのだろう。

また病気などの理由により、ある程度自分の余命が予測できる場合でも、普通はそんな状態で財産を使い切ることなど不安でできないはずだ。へたをすると、治療や入院にかかる費用さえ払えなくなるかもしれない。

つまり、自分の寿命を確実に予測して、それにあわせて財産を使い切ることなど不可能な話だ。そんな非現実的なことを考えるよりも、自分の財産を将来どのように家族にゆだねるのか、現実的な対策を考えるべきだろう。

■誤解10 「専業主婦には遺言書なんて必要ない」

自分名義の財産をほとんどもたない主婦の中には、このように考える人もいるだろう。しかし、すでに夫が亡くなり、その財産を妻が相続している場合は話が別だ。財産について、子どもたちにどのように相続させるのか決めておかないと、将来自分の死後に子ども同士でもめる可能性がある。相続問題というと、つい目先のことだけ考えがちだが、このように二次相続のことも考えて対策をたてなければならない。

二次相続が問題になりやすい理由の一つは、親がいなくなると子どもたちの抑えがきかなくなることにある。一次相続（父親が亡くなったとき）の際に母親が全財産を相続したとしても、母親という存在が多少なりとも重石となって、子どもたちのあいだで大きな波風は立ちにくい。しかしその後、母親も亡くなってしまうと、子どもたちはもう誰にも気がねしなくてよくなり、遺産について自己主張をしはじめる可能性が高い。

そのことを示すこんな事件があった。二〇〇七年一月、母親が亡くなったあとに子どもたちが遺産相続でもめ、四十九日の法要中に弟が姉二人を刺したうえ、おいを殺害したという。きょうだいの遺産争いが、このような悲惨な事件に発展したのだ（毎日新聞二〇〇七年一月二二日より）。

たとえ子ども同士は仲がよくても、配偶者や親戚が口出しをしてトラブルになることもある。そのような事態を避けたいのなら、親としては、生きているうちに子どもたちの状況に十分配慮した遺言書をつくっておくべきだろう。

また最近では、妻が専業主婦ではなく、仕事をもってそれなりの収入を得ているケースも多い。妻名義の預貯金や不動産があるのなら、夫の生死にかかわらず遺言書をつくることが望ましい。特に、マイホームを夫婦で共有している場合は、妻の持分を夫に相続させるように遺言したほうがいい。妻の持分は当然のように夫が相続するのではなく、夫が死んだときと同様にほかに相続人がいれば彼らにも権利があるので、遺言書がないと夫が自宅を完全に自分のものにできない可能性がある。

■誤解11　「遺言書は、死ぬまぎわになってからつくればいい」

遺言書は、自分がいよいよ危なくなったときに書けばいいと思っている人も多いようだ。いま自分は元気だし、平均寿命までまだまだ時間がある。遺言書をつくるのは、大病したり死ぬまぎわになってからで十分間に合う。そんなふうに考えているのだろう。

しかし実際のところ、そんな状態になってからではもう手遅れである。きちんとした遺言書をつくるには、どうしてもある程度の時間と精神的なエネルギーが必要なので、本人に身体的、精神的、時間的な余裕がないと難しい。

一般的に、公正証書遺言の作成には準備の時間も含めると一か月はかかる。関係者が多かったり、不動産があちこちに分散していたりすればもっとかかるだろう。

また遺言書をつくるにあたっては、自分の財産を整理したり、誰にどの財産をあげるかといったことで頭を悩ませることになるので、通常でもけっこう疲れるものだ。もし心身ともに弱っているときであれば、かなり大変だろう。

また別の問題として、病気や高齢のために頭がぼんやりした状態で遺言書をつくると、将来「遺言者の意思能力に問題があったから遺言は無効だ」と相続人が裁判を起こす可能性がある。特に私の知るかぎり、遺言者がいわゆる「まだらボケ」の状態だったり、モルヒネ系の鎮痛剤を服用していた場合は争いになりやすいようだ。

入院する前は、同居している長男夫婦に財産を相続させるといっていたのに、入院後、親切にしてくれた第三者に全財産をあげると遺言するなど、元気なときには考えられなかった行動をとる可能性もある。

最後に、これは精神的な問題だが、これから死ぬと自覚している人が遺言書をつくるということは、自分の死をリアルにみつめざるをえず、非常につらいはずだ。元気なときに遺言書をつくるのなら、「死」を客観的にとらえられるし、遺言の内容についても余裕をもって考えられるが、実際に死が目前に迫った状態で自分の死後の事務処理について考えるのは、かなり精神的にきついだろう。もし、あなたが医師から末期がんの宣告を受けたとして、自分の死後の事務処理について、おちついて考える自信があるだろうか。精神的に余裕のない状態で、ちゃんとした（自分の日頃の意思を反映し、家族のことも配慮した内容の）遺言書をつくることができるのか、おおいに疑問である。

繰り返しになるが、遺言書をつくるのに決して早すぎるということはない。いまは健康でなんの問題もないという人こそ、すぐに取りかかるべきである。

参考までに、まさに死ぬまぎわになってから遺言書をつくることを決意したケースについて二つほど紹介しよう。

「母親がいま病気で入院しているんですが、遺言書をつくりたいというので相談に乗っていただけますか」

若い女性から、そんな電話がかかってきた。話を聞くと、この女性の母親は総合病院にがんで入院しているという。現在は状態がおちついているということで、私は翌日、母親に会いにいく約束をした。

ところが翌朝、私がオフィスの留守番電話をチェックすると、中年の男性の声でこんなメッセージがのこされていた。

「昨日娘が電話したようですが、妻は今朝、容態が急変して亡くなりました。ですから、もう来ていただく必要はありません。どうもお手数をおかけしました」

私はため息をついた。それまでにも、何度か入院患者やその家族から遺言書をつくりたいと相談を受けたが、ほとんど間に合ったためしがない。依頼人が、私が書類を準備しているあいだに亡くなったり、衰弱してしまって手続を進められなくなったりして残念な思いをした。その中でも、これは相談にさえこぎつけられなかったケースだ。

どうしても遺言書をつくりたかったという母親自身も、また最後の願いをかなえてあげられなかった娘さんも、どれほど無念なことだろう。特にこのケースでは、娘さんが次のようなことを話していたので、なおさら母親の気持ちが思いやられた。

「実は、父が不倫をしていて、母はどうしても父に自分の財産を相続させたくないというんです。どうせ財産をもらっても、相手の女性のために使うだろうから我慢できないって。私は母がかわいそうで、どうしても遺言書をつくらせてあげたいんです」

母親の気持ちを考えると、私もぜひ願いをかなえてあげたかったと思う。


こんなケースもあった。ある冬の日、中年の男性から電話がかかってきた。

「私の姉が以前、遺言書について相談に乗っていただいたことがあるんですが、実は先日、姉が亡くなりました。相続手続について相談したいので、会っていただけませんか」

ちょうど一年前、その男性から、入院中の姉が遺言書をつくりたがっているという相談を受けて、病院に出向いたことがあった。重病だという彼女は、やせ細った体でベッドに横たわり、弱々しい声で次のようなことを話してくれた。

「私は夫と死別して一人で子どもを育てていますが、数年前からある男性と同居しています。私が死んだら、子どもたちに財産を相続させるだけでなく、同居している彼にもお世話になったお礼がしたいので、そのために遺言書をつくりたいんです」

具体的には、マンションを子どもたちに相続させ、預貯金のうちいくらかを彼にあげてほしいということだった。

私は彼女に、遺言書の作成手順について説明し、次回までに書いておいてほしいと書類を渡した。しかしその後、彼女の体調が悪化したのか、遺言書をつくることを断念したのかふっつりと連絡が途絶えてしまった。それから、いつのまにか一年がすぎていたのだ。

電話を受けてから数日後、私は亡くなった女性の弟と会って相続手続について話したが、その際に彼女がどのように遺産を処分することを望んでいたのかという話は出なかった。彼は姉の考えをある程度知っていたのかもしれないが、仮にそうであったとしても、遺言書がのこされていない以上、そのとおりにする義務はない。

おそらく彼女の財産は法律どおり、子どもたちがすべて相続することになるだろう。まだ幼い子どもたちはそのうち、同居していたおじさんのことを忘れてしまうかもしれない。彼女の死後、まもなく同居していた男性はマンションを出ていったそうだが、その際に、何か彼女の思い出になるものを持っていったのだろうか。ふと、そんなことを考えたりもする。

第三章　こんな人は遺言書をつくらないと大変！

■相続が「争族」に発展することもある

ある日、五〇代ぐらいの男性が困りはてた様子で相談にやってきた。

「父親の遺産相続手続をしようとしたら、兄嫁が『お義父さんは生前、私に全財産をくれるといった』といって、遺産を渡さないんです。どうしたらいいでしょうか」

兄嫁は数年前に夫を亡くしてからも、その男性の父親と同居して面倒をみていた。父親は彼女を信頼して、預貯金の通帳はもちろん、経営しているアパートや自宅の権利証まで一切を預けていたので、その男性には遺産の内容すらよくわからない。しかも最近、彼女の実の兄が代理人と称して現れて、男性に「遺産を放棄しろ」とすごんできたという。

兄嫁に子どもはいないので、法律上、父親の相続人はこの男性だけで、兄嫁に相続権はない。しかも、父親は遺言書をのこさなかったし、生前に兄嫁に贈与した事実もないので、遺産が兄嫁のものになることは本来ありえない。それにもかかわらず、兄嫁は義父ののこした家に住み、賃貸アパートの収入を生活費として使い続けるなど、事実上遺産を相続したのと変わりない暮らしをしている。その男性は、兄嫁に対してどう対処すればいいのか、途方にくれていた。

このように、誰かが亡くなると、本来は相続人ではない人が周囲を困らせることがある。故人との関係から考えると当然自分には遺産をもらう権利があると思っていたり、ときには自分が法定相続人であると間違って思い込んでいるような人もいる。こうなると、ただでさえ面倒な遺産相続が、部外者の登場によってますますこんがらかり、手のつけられない事態になりかねない。

また、こんな相談もあった。

「私は四人姉妹の二番目なんですが、最近姉が亡くなり、私と妹が財産を相続することになりました。実は数年前にいちばん下の妹も亡くなっているんですが、その妹の娘には今回、財産を相続させないで二人で財産をわけようと話し合っているんです。どうすればいいんですか？」

どうすれば、といわれても……。このケースでは、そのめいには亡くなった妹にかわって相続する権利があるし、第三者がその権利を勝手にどうこうすることはできない。もしかしてこの相談者は、遺産相続からめいをのけものするために何かよからぬ手段をとりたくて、その方法を私に指南してほしいとでもいうのだろうか？

私は一瞬答えに詰まったが、その女性には、めいにも財産を相続する権利があること、もし彼女が納得するのなら、相続放棄の手続をしてもらうことはできるということを伝えた。

このように、世の中にはある相続人が、ほかの相続人を押しのけて財産を自分だけのものにしようとすることが少なからずある。もちろん、そうなっても応じなければいいのだが、相続人同士の力関係によって抵抗できなかったり、法律にうといため、わけのわからないまま遺産を放棄させられることもあるだろう。このケースでは、めいが自分の相続権をしっかりと主張できればいいが、もしかしたらおばたちにうまくいいくるめられて、遺産を手に入れることは難しいかもしれない。

そうかと思えば、まだ本人が生きているのに、その財産がまるで自分のものであるかのように考えて、「とらぬ狸の皮算用」をする人もいる。

「親父が死んだら、けっこうな遺産がのこされそうだな。自宅の土地建物はお袋にやってもいいけど、軽井沢の別荘は俺のものだ。あと、俺以外は誰もゴルフをやらないから、ゴルフ場の会員権ももらえるな……」

このような人たちの願いはただ一つ。親が早めに（よけいな医療費を使ったりせず）ポックリいって、財産をそっくり自分にのこしてくれることだ。彼らはときに、確実に遺産をもらえるよう親に遺言書を書くように迫ったりもする。

また、中にはおかしなことを考える人もいる。あるときは、こんな電話がかかってきた。

「父親が生きているうちに遺言書をつくりたいんですが、どうすればいいんでしょうか」

「お父様が、遺言書をつくりたいとおっしゃるんですね？」

「そうじゃなくて、僕が父親の遺言書をつくるんですよ。できますよね？」

要するに、父親がどのように財産をわけるかを息子が決めて、父親のかわりに遺言書を作成するというのだ。そんなことができるわけないのに、息子はいたって大真面目だ。

また、こんな相談もあった。

「父親が勝手に遺言書をつくったので、私がかわりに取り消したいんですが、どうすればいいですか？」

おそらく、父親の遺言書の内容が自分の思惑と異なっていたので、いまのうちにそれを取り消さなければと思ったのだろう。親の財産を自分の思いどおりにできると考えている子どもたちは、世の中にいったいどれだけいるのやら。まだ親が生きているうちからこんな調子では、亡くなったあとが思いやられる。

もしあなたが、どうも家族が自分の遺産をあてにしているようだと感じたら、自分の死後、彼らが好き勝手をしないように遺言書をつくっておいたほうが安心だ。

このように、相続を取り巻く困った人々は相続発生前から存在する。いまあなたのまわりにそんな人がいないとしても安心はできない。あなたの置かれている状況によっては将来、相続トラブルに発展する可能性がある。以下、遺言書をつくっておいたほうがより安心なケースを紹介する。

1　子どものいない夫婦の場合

■妻が全財産を相続できるとはかぎらない

六〇代のある女性が、不慮の事故で夫を亡くした。子どものいない彼女は、伴侶を失って失意のどん底にいたが、なんとか明るく気丈にふるまおうと努力していた。そう、四十九日の法要の席上で、夫のきょうだいから彼らの相続分を要求されるまでは……。

彼女は、心の中でこうつぶやいた。

「財産をわけてくれといわれても、年金生活だったから主人の貯金なんてたいしてないし。家を売ればいいというけど、そんなことをしたら私の住む場所がなくなるじゃない。あなた、どうして自分が死んだあとのことをちゃんと考えてくれなかったの。生前は調子のいいことばかりいってたくせに、遺言書の一つものこしてくれないなんて、本当にひどい人ね」

一般に、子どものいない夫婦では相続において問題が起きやすいということはよく知られているのだから、亡くなった夫は妻にそう責められてもしかたがない。いくら生前、夫が妻のことを大切にしていたとしても、最後がこのありさまでは帳消しだ。

実際、私のもとに夫婦で「遺言書をつくりたい」と相談にやってくるのは、たいていが子どもがいないケースだ。子どもを授かることをあきらめはじめる四〇代後半ぐらいの比較的若いうちから、遺言書について考えはじめる人もいる。

なぜ夫婦に子どもがいないと相続で困ったことになるのか、あらためて考えてみよう。たとえば、夫が先に亡くなったとする。当然、妻は夫の財産を相続できるが、それ以外に夫の親が生きていれば親にも、親が亡くなっていれば夫のきょうだいにも財産を相続する権利がある。この場合に、それぞれの相続分は法律で次のように定められている。

●夫の親がいる場合……妻が三分の二、親が三分の一
●夫の親が亡くなっていて、兄弟姉妹がいる場合……妻が四分の三、兄弟姉妹が四分の一

もし夫の親やきょうだいが生きていれば、妻は自分の一存だけでは夫の財産を処分することができず、彼らと話し合ったうえで相続手続を進めなければならない。具体的にいえば、夫の預貯金を解約するにも、マイホームを妻名義にするにも、すべての手続において夫の親やきょ

うだいの同意が必要になるということだ。これは、かなりわずらわしい。

しかも、彼らがすんなりと妻の遺産相続を認めるとはかぎらない。妻としゅうとめの仲が悪かったり、夫のきょうだいが経済的に困っていたりすれば、彼らがなんだかんだと妻に難くせをつけ、自分の取り分をもっとよこせと主張するかもしれない。最悪の場合、妻は住むところを失い、老後の生活に困ることも考えられる。

■遺言書があれば、こう変わる

もし夫が存命中に「妻に全財産を相続させる」という内容の遺言書をつくっていればどうだったろうか。この場合は、次のように事情が変わってくる。

●夫の親がいる場合

原則として妻が全財産を相続できる。ただし、親にも「遺留分《いりゅうぶん》」（一三四ページ参照）と呼ばれる、最低限相続できる権利があるので、親が自分にも財産をよこせと言い出したら、法律上はその分は渡さざるをえない。それでも、遺言書がない場合にくらべれば、親が主張できる取り分が少なくなるというメリットがある。

●夫の兄弟姉妹がいる場合
妻が全財産を相続できる。兄弟姉妹には遺留分はないので、もし彼らが自分にも財産をよこせと言い出しても、法律上それに応じる義務はない。遺言書によって、彼らにはなんの権利もなくなるからだ。


このように、子どものいない夫婦にとって遺言書は大きな意味をもつが、遺言書をつくる際には次のことに注意してほしい。

まず、夫だけではなく夫婦そろって遺言書をつくる必要があるということだ。第二章の「誤解10」でも触れたように、仮に夫のほうが財産が多いからといって、夫が遺言書をつくるだけでは万全ではない。たとえ金額は少なくても、妻名義の預貯金はあるはずだし、マイホームを夫婦で共有していることもあるだろう。もし妻が先に亡くなった場合に遺言書がなければ、妻の親きょうだいが出てきて、夫がスムースに妻の財産を相続できなくなるおそれがある。

第二に、自分が死ぬときにはすでに配偶者が亡くなっている可能性があることを考えよう。世の中、何が起こるかわからない。あなたと配偶者が同時に事故で亡くなる可能性だってある。せっかく全財産を配偶者に相続させると遺言を作成しても、それが実行されるときに相手が死亡していればその遺言書は無効になり、結局ほかの相続人が財産を好き勝手に処分することになりかねない。

それを避けたいのなら、遺言書をつくるときに「予備的遺言」をすればいい。もし自分が死んだときにすでに配偶者が亡くなっていれば、かわりに別の人に財産をあげるように遺言するのだ。たとえば、「配偶者に全財産を相続させる」という文章のあとに、「配偶者が遺言者よりも先に死亡した場合は、全財産を○○に相続させる（または遺贈する）」といった文言を入れればよい。

2　複数の子どもがいる場合

■親と同居している子どもと、別居している子どもがいる

もしあなたに複数の子どもがいるとして、どのように財産をわければみんなが不満を抱かないですむだろうか。


「そうだなぁ。財産を子どもの人数で割って、平等に相続させればいいんじゃないか」

いやいや、ことはそう単純ではない。これまでの親子関係を考えず、ただ平等にわけてしまうと、子どもたちがかえって不平等だと反感をもち、子ども同士でけんかになりかねない。

親としては普段から平等に接しているつもりでも、子どもの教育や結婚、マイホームの取得などすべての面で平等にお金をかけるのは不可能だ。親から不平等に扱われているという思いが、子どもの中にくすぶっている可能性はおおいにある。

また、親と同居していた子どもと、そうでない子どもがいる場合にも、相続をめぐってトラブルになりやすい。同居していた子どもは「親の面倒をみたのだから財産を多くもらうのは当

然だ」と思いがちだし、別居していた子どもは「あいつは家賃もなしに住まわせてもらっていたのだから、相続の際にはその分が差し引かれなければ不平等だ」と思うだろう。

私は東京で仕事をしているので、都会に住む子どもから田舎にいる親の遺産相続について相談を受けることが多い。よくあるのは、次のようなケースだ。

▼ケース1　五〇代の男性。遠方に住んでいる父親（兄夫婦と同居）が死亡した
「父親が死んで一か月後、兄から手紙が届きました。『相続手続をしたいから、ハンコを押して送り返してくれ』とあるので中身をみたら、土地建物を含めて全財産を長男である兄に相続させるという内容の遺産分割協議書でした。

たしかに兄夫婦は父親と同居して面倒をみてくれたので、ある程度遺産を多めに相続するのはしかたないと思います。でも私だって相続権があるんだから、少しは財産をもらってもいいはずでしょう。妻からも『ハンコを押しちゃだめよ』といわれたので、当面は返事を出さないつもりです。ええ、私には別に遺産相続を急ぐ理由なんてないですし。もうちょっとマシな内容の遺産分割協議書を送ってきたら、考え直してもいいんですけどね」

▼ケース2　四〇代の女性。田舎から都会へ嫁いで二〇年後に実家の母親が死亡した
「母親が亡くなったあと、弟から遺産分割協議書が送られてきました。不動産は弟が、預貯金は私が相続するという内容でした。でも不動産の評価額は一五〇〇万円なのに、貯金は三〇〇万円しかないんですよ。弟夫婦はずっと母の家に住んで家賃も払ったことがないのに、これじゃ不公平です。私は母の入院中、何度もお見舞いに行って交通費もかかったし入院費も負担したのに、それも全然考慮されていません。

それに、私は母の財産がこれだけとは思えないんです。母がタンス貯金をしていたのは知っているし、実際はこれ以外にも財産があって、弟夫婦が勝手に使っているんじゃないかと疑ってしまいます。

とにかく私としては納得できないので、専門家に相談して、こちらで遺産分割協議書をつくって送り返すつもりです。時間はかかっても、絶対に向こうのいいようにはさせませんよ」

■子どもたちのあいだに、けんかの種をのこさないために

このように、故郷の親が亡くなると、親と同居していたり近所に住んでいた子どもが相続の主導権を握り、そのほかの子どもたちはカヤの外に置かれて不満や不信をつのらせることにな

りがちだ。もしあなたが同じような状況にあるのなら、これは決して他人事ではなく、将来直面するかもしれない問題である。

誤解している人が多いかもしれないが、法律上、親の看病や介護に専念したなどの事情がある場合を除き、単に親と同居していたというだけでは遺産を多めにもらう理由にはならない。しかし、別居している子どもにとっては、親と離れて暮らしているという負い目から、同居の兄弟姉妹に対して強い態度に出るのは難しいものだ。また、離れて住んでいるので、親の財産がどうなっているのかわからず、兄弟姉妹から財産がこれだけしかないといわれると、反論しづらいという面もある。

かといって無条件に相手のいうことをきくのもシャクだから、なんだかんだと理由をつけて遺産分割協議書にハンコを押すのを引き延ばしたり、「財産隠しをしているんじゃないか」などと難くせをつけたりすることになりがちだ。

先ほどのケースでは、話し合いもせず一方的に遺産分割協議書を送りつけてきたきょうだいにも問題はあるが、それに対してあまり意固地になってしまうと、もはや話し合いでは解決できず、最終的には裁判ざたになって、お互いに時間とお金を浪費するという事態にもなりかねない。仮にそれで決着がついても、それ以後きょうだいとの関係は険悪なものになるだろう。

同居と別居の子どもがそれぞれいる人には、自分の死後、子どもたちに争いの種をのこさないためにも遺言書の作成をおすすめする。すでに現時点で子どもたちの仲がよくないのなら、なおさらだ。

また遺言書をつくる際には、面倒をよくみてくれた子どもに多めに財産をあげるのはやむをえないにしても、ほかの子どもへの配慮を忘れてはならない。遺言書の最後に、なぜ自分がこのような遺言をしたのかという理由と、自分の死後もきょうだい仲よくしてくれることが親の願いであることを、付言事項として書いておけば、子どもたちも納得しやすくなるだろう。

3　未成年の子どもがいる場合

■通常よりも相続手続に手間がかかる

妻子のいる男性が亡くなると、当然ながら妻子が財産を相続することになる。子どもが一人だけなら、遺産分割協議でもめることはあまりないかもしれない。

では、このようなケースで遺言書は不要かといえば、そうではない。第二章でも述べたように、たとえ遺産分割協議でもめなくても、相続手続においては遺言書があったほうがスムースにいくのはたしかだからだ。特に子どもがまだ未成年の場合は、遺言書がないと相続手続に手間どることがある。

例をあげて説明しよう。三〇代の夫婦がいた。子どもは八歳と一二歳だ。ある日、夫が交通事故で亡くなってしまった。妻は、なんとか親戚に手伝ってもらって葬儀をすませてから、生活資金を引き出すために金融機関へ行った。

ある金融機関では問題なく手続できたが、別のところでは「未成年の子どもがいるのなら、家庭裁判所で『特別代理人』を選任してもらい、遺産分割協議をすませてから来てください」といわれた。未成年の子どもはそのままでは遺産分割協議に参加できないので、家庭裁判所に申し立てて特別代理人を決めてもらい、かわりに参加してもらう必要がある。特別代理人は相続人以外であれば誰でもかまわないが、複数の子どもがいればそれぞれの子どもごとに別の人をつけなければならず、面倒だ。妻はしかたなく、親戚に特別代理人になってもらうように頼んで家庭裁判所に申し立てたが、混んでいたのか手続に二か月もかかった。そのあいだ一部の金融機関の手続ができなくて、生活に困ってしまった。

このように、相続人に未成年の子どもがいる場合、金融機関によっては特別代理人の選任を要求されることがある。また不動産の相続登記については、未成年者には必ず特別代理人が必要になるので、ほかの相続手続よりも手間がかかる。もし家庭裁判所に特別代理人の選任を申し立てる手続を司法書士などの専門家に頼む場合は、数万円程度の出費にもなる。夫が生前、「全財産を妻に相続させる」という内容の遺言書をのこしていれば、妻はそんな手間ひまをかけることなくスムースに相続手続ができたはずだ。まだ子どもが小さいからこそ、遺言書をつくる意味があるといえるだろう。

4　配偶者に相続させたくない場合

■不倫している夫が許せない

比較的年齢の若い既婚女性が、遺言書をつくりたいと相談に来ることがある。たいていは「夫と仲が悪くて離婚を考えている」とか、「夫が不倫しているので、財産をあげたくない」という理由だ。本当はすぐにでも離婚したいが、子どもがまだ幼かったり自分が経済的に自立できるという自信がなかったりで、そうもいかない。しかし自分に何かあったとき、結婚前にためた預貯金が夫のものになるのは我慢できない。そこで万一のときは、夫ではなく、子どもや自分の両親に財産を相続させるように遺言しよう、と考えるらしい。

配偶者の行状に問題がある場合、配偶者の相続分をゼロとするような内容にもできるが、それでも法律上、配偶者には遺留分がある。妻が遺言書で誰かに全財産をあげると指定しても、夫が自分の取り分を請求すれば、財産をもらった人はそれを無視するわけにはいかない。そのような事態を避けるには、夫を相続人から廃除して、遺留分の請求ができないようにしたほうがいいだろう。

たとえば、夫が浮気ばかりして、おまけに妻を殴ったり人前でののしったりといった虐待を繰り返している場合は、妻がそれらの経緯を遺言書にしたためて夫を相続人から廃除するように希望することができる。そうすれば妻の死後、遺言執行者が家庭裁判所に夫を相続人から廃除するように申し立ててくれるだろう。もし死後ではなくいますぐ廃除したいのなら、自分で家庭裁判所に申し立てることもできる。

なお、この場合、夫を廃除すると子どもが財産を相続することになる。妻が死んだときに子どもが未成年ならば、夫が親権者として遺産を管理することになるので、結局は夫に財産を好き勝手に使われるおそれがある。それも避けたいのなら、子どもの面倒をみることや、定期的に子どもに生活費を渡してもらうことを条件として、自分の親などに財産を遺贈する（「負担付遺贈」という）といった方法も考えられる。

不倫された妻ではなく、その家族からの相談もある。ある日、若い女性が私を訪ねてきた。

「父方の祖母が、私に全財産をのこすように遺言したいというんですが……」

私は不思議に思い、聞いてみた。

「あなたのお父さんではなくて、孫のあなたに財産を相続させるということ？」

「そうです。祖母は、絶対に父には財産をあげたくないっていうんです」

自分の子どもを差し置いて孫に全財産を、というのはどんな理由があるのだろう。そう思って本人の意思を確認すると、「実はお恥ずかしい話なんですが、うちの息子は職場の女と不倫しているんですよ。嫁にもずいぶん迷惑をかけていて、こんなバカ息子には絶対にビタ一文、夫から受け継いだ財産をやらないと心に決めたんです」という答えが返ってきた。

おそらく、おばあさんは普段から嫁と仲がよくて、息子に裏切られた嫁がふびんでならないのだろう。いつか自分が死んだら、息子は財産を相続したあと、嫁と離婚するかもしれない。そうなればかわいい孫に何もしてやれない。それなら直接、孫に全財産を相続させるように遺言したほうがいいと考えたようだ。

遺言書の作成当日、私が公証役場で待っていると、おばあさんと孫娘、お嫁さんがやってきた。とどこおりなく遺言書の作成が終わったあと、私は公証役場の前で、おばあさんが遺言書を手にした記念写真を撮ってあげた。

そのとき、おばあさんは肩の荷が下りたというようにホッとした顔をしていたが、その横にいたお嫁さんは、まるで「してやったり」とでもいうように満面の笑みを浮かべていた。おそらく彼女にとってみれば、これはしゅうとめを味方につけての夫への復讐だったに違いない。

その後、彼女の夫が心を入れ換えたかどうか定かではないが、そのまま態度を改めなければ、いつか妻と娘、そして母親までもが結託して自分をのけ者にしていたことに気づくだろう。そのとき、彼らの家庭でどんなやりとりが繰り広げられるのか、少し興味を覚えなくもない。

5　シングルマザー、シングルファーザーの場合

■万一のとき、子どもの面倒をみてくれる人を決めておく

一人親の家庭で親が亡くなると、誰が子どもの面倒をみるかで親族がもめたり、家庭裁判所で「未成年後見人（未成年者の生活や財産管理の面倒をみる人）」を決めてもらうための手間と時間がかかる可能性がある。ただでさえ、子どもは親を亡くして不安な気持ちでいるのに、何か月ものあいだ保護者が決まらないという事態は避けたい。

死別で配偶者がいない場合は、遺言書をつくって子どもの未成年後見人を指定しておけば、親の死後、後見人がすぐに子どもの世話をしてくれることが期待できる（もちろん、事前に相手の了解を得ておく必要はあるが）。その後見人がきちんと子どもの世話をしてくれるかなどに不安がある場合は、未成年後見人の仕事ぶりを監督してくれる「未成年後見監督人」を指定することもできる。

また通常、両親のうちどちらかが亡くなると、もう一方の親が子どもの親権者として面倒を

みることになる。しかし、のこっている親になんらかの問題があって子どもの財産を管理できないと思われることもあるだろう。たとえば、夫の行状に大いに問題があったり、子どもの財産をあやうくしたような場合だ。このようなときには、妻が生きているうちに家庭裁判所に夫の親権や財産管理権を喪失させるように請求すればいい。それが認められれば、妻は遺言書で、自分の死後に夫以外の人を子どもの未成年後見人として指定することができる。

6　身寄りがない人の場合

■誰が遺言を実行してくれるのか考える

その日、私のもとにやってきたのは六〇代ぐらいの夫婦だった。二人とも機嫌がよさそうで、夫がニコニコしながら話し出した。

「実は、私が経営するアパートに住んでいる男性が、遺言をしたいっていうんですよ。もう八〇歳ぐらいなんですが、身寄りがないらしくて。入院の手続やらなんやらを私たちがお世話しているうちに、『いろいろ面倒をみてもらって悪いねえ、私が死んだら財産をあげるから』っていう話になったもんでね。ほらこのとおり本人が書いた遺言書もあるんですけど、こんなので本当に効果があるのかちょっと疑問に思ったんで、念のために相談に来たんです」

そういって差し出された紙には、ミミズがはったような字で何やら書いてあったが、どうにも判読できない。

「うーん、これじゃ読めませんね。それに日付も押印もないようだし、遺言書としては効力がなさそうですね」

「（がっかりした様子で）そうなんですか。ちゃんとした遺言書にするためには、どうすればいいんですか？」

「公正証書遺言なら公証人が文面を作成してくれるので、本人は文字が書けなくても大丈夫ですよ。ところで、その人は全財産をあなた方にあげると決めているんですね？」

「そうなんです。アパート暮らしでたいした財産はないんですが、それでも預貯金が数百万円ぐらいあるそうで。親戚がいないから、このまま死んでも国に財産を取り上げられるだけだし、それならお世話になった大家さんにということで、こうやって遺言してくれたんですよ。私たちは別に財産がほしいわけじゃないですけど、せっかくの好意を断るのもなんですし、私たちがいただいても法的に問題はないんでしょう？」

このケースのように、身寄りがない（法定相続人がいない）場合、借金や葬式費用を払ったあとの財産は、原則として国庫に帰属する。それぐらいなら長年お世話になった友人や、看病につくしてくれた知人などに財産をあげたほうがいいと考える人もいるだろう。

遺言書がなくても、その友人知人が家庭裁判所に申し立てをすれば「特別縁故者」ということで財産をわけてもらえる可能性があるが、なかなか自分では言い出しづらいはずだ。それに、特別縁故者が財産を受け取るための手続は通常一年ぐらいかかる。遺言書で財産をあげるようにしたほうが簡単だし、遺贈する相手にとって親切というものだ。

このように身寄りのない人が遺言書をつくる際は、次の点に気をつける必要がある。
●自分の死後、誰にも遺言書の存在に気づいてもらえない可能性がある。遺言書の作成後、財産をあげる相手か、弁護士などの信頼できる人に遺言書の写しを預けておこう。
●誰がその遺言を執行するのかという問題がある。せっかくの遺言が放置されることのないように、あらかじめ遺言執行者を決めて頼んでおき、遺言書で指定しよう。
●自筆証書遺言ではなく公正証書遺言にしておくべきだろう。自筆証書遺言だと本人の死後、家庭裁判所で検認を受ける必要があるので、手間と時間がかかるし、誰がその検認の手続をしてくれるかという問題もある。

さらに葬儀やお墓、借金の返済など、まわりの人が処理に困りそうなことがあれば、遺言書の中で触れておきたい。

7　お世話になった人にお礼をしたい場合

■生前贈与よりも遺言書のほうが安心

七〇代のある男性は妻に先立たれ、妻の連れ子と暮らしていた。彼女はかいがいしく世話をしてくれるので、男性はありがたく思っていた。二人は養子縁組をしていないので、将来男性が亡くなっても彼女は財産を相続することができない。そこで男性は、自分が生きているうちに彼女に自宅の土地建物を贈与することにした。いわゆる生前贈与だ。

ところが、贈与の登記をしたとたんに彼女の態度がガラリと変わった。男性の食事や身のまわりの世話をしなくなったばかりか、顔をあわせても挨拶もしない。男性がしかたなく家政婦を雇ったところ、その人にさえいやがらせをする始末だ。

その男性は耐え切れなくなり、贈与を取り消すべく裁判を起こした。自分の世話をしてくれる優しい子だと思って贈与したのに、これでは話が違う。自分は勘違いして贈与したのだから、贈与は無効だと訴えたのだ。裁判で激しく争った結果、彼女が信頼関係を著しく損なう行為をしたと認められ、男性は勝訴した。通常はいったん贈与したものを取り戻すことは難しいのだが、この件ではよほどの事情があると裁判所は認めたのだろう。

このようにして男性は不動産を取り戻したが、その後も彼女とは同居を続けている。顔をあわせて気まずい空気が流れるたびに、男性は「あのとき贈与さえしなければ」と後悔している。

もし彼が生前贈与ではなく遺言書で財産をあげるようにしていれば、このような事態にならなかったはずだ。たとえ彼女が遺言書の内容を知って態度を一変させても、そのときは遺言書を書き換えればいいのだから。

生前贈与のおかげで人間関係がこわれるというのは、そう珍しい話ではない。お世話になっている人にお礼をしたい気持ちはわかるが、自分の財産を存命中に、相手に贈与するのはリスクが大きい。自分の老後をまもりたいのなら、財産は最後まで自分のものとしてとっておき、遺言書で相手にあげる形にしたほうが安全だ。自分自身をまもるためには、ある程度のしたたかさも必要である。

■息子の嫁にお礼をしたい

昔にくらべれば「長男の嫁がしゅうとやしゅうとめの世話をするのは当たり前」などと思っ

ている人はかなり減っただろうが、高齢者の中にはまだまだそのような考えをもっている人がいる。このような場合、しゅうとやしゅうとめが寝たきり状態になると、嫁は下の世話をはじめとして、彼らの最期をみとるまで心身をすり減らして働くことになりがちだ。

たいていの場合は、嫁に直接的な見返りがあるわけではない。「いずれ息子に財産がいくのだから、それで嫁にも感謝の気持ちを伝えられるだろう」と安易に考えてはいけない。もし、息子が自分たちより先に亡くなってしまい、しかも息子夫婦に子どもがいなければ、法律上、嫁には何一つ夫の実家の財産はのこされない。最悪の場合、ほかの親族が財産をすべて相続して、裸同然で夫の実家を追い出されることになりかねない。

もちろんこれは極端な話だが、嫁や娘婿など子どもの配偶者には義理の親の財産を相続する権利がないことは十分認識してほしい。自分に何かあったら日頃から世話になっている嫁にお礼をしたいとあなたが思うのなら、元気なうちに遺言書をつくっておこう。

■医師へのお礼は要注意

プロローグでも紹介したが、二〇〇六年春、大学病院の医師が女性患者から全財産を遺贈されて話題になった。病気で弱気になっているときに、お世話になった人に財産をあげたくなる気持ちはわからなくはない。しかしそれによって、医師は世間から「患者の遺産を食いものにした、とんでもないやつだ」という目でみられて、マスコミに悪口を書き立てられた。遺産は福祉団体などに寄付されることになったようだが、結果的に患者の意思は生かされず、医師を窮地に陥らせただけということになった。

この件では医師の非常識さが大きく取り上げられたが、本来は相手の迷惑になるような遺言をした患者のほうこそ非難を受けるべきだろう。医師が個人的に謝礼を受け取るのが望ましくないことは、患者にもわかっていたはずだ。それでも感謝の気持ちを表したいなら病院に寄付をすればよかったのであり、一個人に遺贈するべきではなかった。

また現実的な話として、財産をあげるだけならともかく、赤の他人にお墓や葬儀などの祭祀までをまかせるのは相手にとって負担だし、まったく畑違いの会社を引き継ぐように要請することも相手の人生を変えてしまいかねない危険がある。

本来は感謝されるはずの内容の遺言書が、かえって相手の迷惑になるようでは本末転倒だ。お世話になった人に遺言書によって財産をあげようと思うときは、くれぐれも相手の立場を考慮して、押しつけや迷惑にならないように注意したい。

■第三者への遺贈は、実現が難しい

いくらお世話になった人にお礼をしたいと思っても、家族ではない第三者への遺贈は実現が難しい。それを実感させられるケースがあった。

病気で目が不自由なおばあさんが、同じく目を患っている女性と仲よくなった。ずっと独り身で子どものいないおばあさんは、彼女を娘のようにかわいがり、養子縁組をしようと準備していたほどだ。また自分に万一のことがあったときのために、自宅マンションを含めた全財産を彼女に遺贈するという内容の自筆の遺言書をつくり、手渡していた。

そんなある日、おばあさんは交通事故にあい帰らぬ人となった。おばあさんの兄は、自分の妹がその女性と養子縁組をしようとしていたことや遺言書の存在を知っていたが、財産を赤の他人にとられるのがしゃくで、おばあさんの死を知らせなかった。

一か月後、知人からそのことを知らされた女性が、驚いておばあさんの兄に電話すると、

「なんだ、いま頃になって連絡してくるなんて。妹はあんたと養子縁組までしようとしたのに、ずいぶん冷たいじゃないか。妹のマンションがどうなったかって？　あれはいま、売りに出しているよ。そんなこと、あんたには関係ないだろう」

と、冷たく電話を切られてしまった。彼女は困って、遺言書の入った封筒を手に私を訪ねてきた。

「友だちに聞いたら、これは自筆証書遺言だから家庭裁判所の検認を受けるまで開封してはダメだといわれました。来週その手続に行きますが、それまでにマンションが売却されてしまうんじゃないかと思うと心配で。なんとか食い止められないでしょうか」

おばあさんの兄に「マンションを売却しないでくれ」と頼んでも聞く耳をもつとは思えないので、法的手段を講じるしかなさそうだ。彼女に弁護士を紹介したところ、家庭裁判所にマンションの売却を差し止める仮処分申請を出せばいいとアドバイスされた。だが、その際に物件の価格に対して一定割合の保証金を預ける必要があるという。金額にすると数百万円にはなる。

彼女は、

「数百万円だなんて……。私は障害年金で暮らしているので、とてもそんなお金はありません」

と、肩を落とした。裁判費用を借りる制度の利用も考えられたが、もうあまり時間がない。彼女はとりあえず家庭裁判所で遺言書の検認手続を受けることにした。

遺言書を開封すると、内容は予想どおり全財産を彼女に遺贈するというものだった。そこで再びおばあさんの兄に電話をしたところ、相手はこう言い放った。

「ああ、あのマンションは買い手がついたから売っちゃったよ。迷惑だから、もう電話しないでくれ」

遺言書がある以上、本来はこの兄には財産を処分する権利がない。だから、勝手にマンションを売却しても無効なはずだ。しかし、すでに第三者に売却された以上、取り戻すのは簡単ではない。弁護士からは裁判をすれば勝てるといわれたが、時間も費用もかかる。彼女は結局、財産を自分のものにするのをあきらめてしまった。

せっかくのおばあさんの好意がムダになったのは残念だが、このような結果になった原因はどこにあるのだろうか。

いちばん大きい原因は、遺言書が自筆証書遺言だったことだ。公正証書遺言なら、家庭裁判所で検認を受ける手間がかからないので、兄がマンションを売る前に手を打てたかもしれない。また、おばあさんが遺言執行者を指定していなかったのも悔やまれる。もし遺言執行者としてその女性を指定していれば、兄がなんといおうとマンションの相続手続ができたはずだ。

このように、第三者への遺贈は相続人から妨害される可能性が高いため、遺言をする側で事前に十分な策を講じる必要がある。

8　離婚、再婚によって相続関係が複雑になった場合

■顔もみたことがない「半血兄弟」が相続人として現れる

離婚や再婚をする人が急増している。厚生労働省の「人口動態統計」によると、二〇〇五年に結婚したカップルの四組に一組が再婚だという。また、離婚した人の約六割に子どもがいるというから、子連れで再婚するカップルが増えているといえそうだ。そのうち日本でも、血のつながりのない親子やきょうだいのいる家庭、いわゆる「ステップファミリー」が当たり前になるのかもしれない。

家族関係が複雑になると、相続関係も複雑化する。たとえば、親が前婚でもうけた子どもが、親の死後、ほかの子どもたちの前に相続人として現れるといった事態も考えられる。これまで互いに存在すら知らなかった異父きょうだい・異母きょうだい（親の一方を同じくするという意味で「半血兄弟」といわれる）が突然現れて、「自分たちにも遺産を相続する権利がある」などといいはじめたら、遺産分割協議をスムースに進めるのが難しくなるだろう。

亡くなった親にしてみれば、前婚は過去のことで再婚したらもう関係ないと思っていたのかもしれないが、そうは問屋がおろさない。前婚時の子どもも再婚時の子どもも、血縁関係がある以上、どちらも親の財産を相続する権利があるのだ。たとえ親が生前、前婚のことを黙っていても、死後に戸籍を調べれば、ほかに子どもがいたことはすぐにわかる。

■両親の再婚は、子どもたちの相続にも影響する

半血兄弟がいるケースでは、親の遺産相続だけでなく、その次の世代、つまり子どもたち自身の相続にも影響を与えることがある。一方の親だけのつながりとはいえ、きょうだいであることにかわりはないので、きょうだいのうちの誰かが亡くなったら、彼らも財産を相続できるケースが出てくる。

仮にあなたが独身で、すでに親が亡くなっているとしよう。これまで知らなかったが、実はあなたには母親の違う兄がいることがわかった。もしいまあなたが遺言書をのこさないまま亡くなると、あなたの財産はその異母兄を含めたきょうだいが相続する。

このように、両親の再婚はその死後も影響を与え続けることもある。もし読者の中に同じような立場の人がいるならば、将来子どもたちに苦労をかけないように対策をたてたほうがいい。

具体的には、遺言書の中で子どもたちに半血兄弟がいることを告げ、それらの事情を考慮したうえで遺産の分割方法を指定する。これで子どもたちはスムーズに相続手続ができるし、彼ら自身も将来に備えて事前に手を打つことができるだろう。そうしておかなければ、死後、子どもたちに「親が遺言書をつくってさえいれば、こんなに面倒なことにはならなかったのに」と、恨まれかねない。

9　相続人が多い場合

■ほうっておくとどんどん相続人が増えていく

最近は少子化問題が深刻になっているが、戦後しばらくはきょうだいが五人、一〇人いることも珍しくなかった。このような大家族で相続が発生すると、いろいろと面倒が起こりやすい。

まず当然ながら、相続手続に手間と時間がかかる。また、相続人が多いほど不測の事態が発生する可能性が高くなる。誰かが行方不明で連絡がとれなかったり、病気や高齢により意思表示ができずに遺産分割協議に参加できないという事態もありえる。相続手続が終わらないうちに相続人の誰かが亡くなると、さらにその子どもや孫が相続することになり（これを「代襲《だいしゅう》相続」という。一三三ページ参照）、どんどん相続人が増えていく。そうなると最悪の場合、相続手続ができず、誰も遺産を手に入れられなくなる可能性さえある。

子どもや兄弟姉妹など相続人がたくさんいて、自分の死後、彼らのあいだにもめごとの種をのこしたくないと思う人は、必ず遺言書を準備しておくようにしたい。

10　非婚、事実婚の場合

■万一のときに相手をまもるための法的手段を講じる

女性の社会進出にともなって晩婚化が進んでいる。それどころか一生結婚しない人も増えているらしい。二〇〇五年の「国民生活白書」によると、二〇〇〇年時点での生涯未婚率は男性で一二・五七%、女性で五・八二%にのぼる。特に男性の生涯未婚率は、一九五〇年の約八・六倍に増えている。

もちろんこの中には、入籍していないだけの話で、実際は愛するパートナーを得て生活している人も多いだろう。結婚制度や戸籍制度に疑問を抱き、あえて入籍せずに結婚生活を送る、いわゆる「事実婚」を選択する人もいるはずだ。また同性同士で夫婦同様の生活を送っているカップルもいるかもしれない。

しかし、いずれにせよ入籍していない以上、彼らの関係は法的には内縁関係にすぎない。日本では法律婚が大前提となっているので、何かにつけて内縁関係は不利な面が多いことは否めない。その最たるものが相続制度だ。社会保険や年金については、内縁関係でも夫婦同様の扱いをしてもらうことが可能だが、遺産相続はそうはいかない。いくら長年連れそったパートナーでも、相手の財産をもらう権利はなく、法律上の相続人が現れれば彼らのほうが立場が強い。そのために、内縁のパートナーが涙をのむという事態も少なくないだろう。

四〇代後半のある女性は、離婚後一人で暮らしていたが、数年前に妻を亡くした男性と親しくなって彼のマンションで同居を始めた。休日はいつも二人で買いものや散歩に出かけ、まわりからは仲のいい夫婦にみえた。しかしある日、男性が趣味の磯釣りで波にさらわれて命を落としたことで、自分が法律上、ただの第三者にすぎないことを思い知らされることになった。

男性の死後ほどなくして、彼の子どもが訪ねてきた。

「いままで、父がいろいろとお世話になりました。実は、このマンションは僕が相続することになったので、すみませんが出ていってもらえますか」

もちろん、その女性は自分が相続人ではないことはわかっていたし、マンションを出るのもしかたがないと思っていた。しかし、彼との思い出の詰まったマンションを出るのはつらかったし、彼の洋服や趣味の品々など、彼を思い出させるものすべてと別れなければならないのは、身を切られる思いだった。法律上は、彼女がそこに住み続けると主張することも可能とは聞いていたが、それをいうと彼の子どもたちにうとましがられる気がして、身一つでマンションをあとにした。もし入籍していればそんな目にあわなくてすんだだろうが、事実婚という形態を選んだのは彼女自身なのだ。

しかしこの場合でも、もし男性が遺言書で彼女にマンションを含めて財産をのこしていれば、彼女は住む場所を失うことなく、思い出の品に囲まれて暮らすことができたはずだ。そう考えると、彼が遺言書をつくらなかったのが残念でならない。

事実婚という法律で束縛されない形態を選んだ人でも、自分に万一のことがあったときは、パートナーが法律でまもられるように備えておく。それは相手への愛情でもあり、生活をともにするうえで最低限の責任ともいえるのではないだろうか。

11　事業を営んでいる場合

■遺言書がないと経営が行き詰まる可能性がある

事業を営んでいる人の場合も、遺言書をつくる必要性は高い。それなりの規模の会社なら、顧問税理士や弁護士が会社の将来を心配して早めに手を打つように助言してくれるだろうが、小規模な会社や個人事業主は相続対策が手薄になりがちだ。しかし事業規模は小さくても、事業主が突然亡くなったら家族や取引先がおおいに困ることに変わりはない。個人事業主が亡くなるとそれを知った金融機関がその人名義の口座を凍結するため、取引先への支払いや従業員の給与が払えなくなり、多大な迷惑をかける可能性がある。株式会社の場合は、故人が保有していた株式の相続でもめれば、経営体制をも揺るがしかねない。そのような事態を防ぐために、事業を営んでいる人は必ず遺言書をつくるべきだろう。

必要性は十分わかっているのに、なかなか実際に遺言書作成に手をつけられないのは、最初から完璧なものをつくろうとしているからではないだろうか。とりあえず事業を存続させるのに最低限必要な項目をカバーするものをつくり、それ以外の項目については追加で、と考えれば取りかかりやすくなる。

事業の後継者を指定し、その人に事業用の財産（株式や預貯金、不動産など）を相続させる――これは最低限記載すべき項目だ。会社組織の場合、後継者を指定したからといってそのとおりになるとはかぎらないが、まわりの誰もが納得する人を指定すれば、故人の意思ということで尊重はされるだろう。また金融機関の口座が凍結されても、事業に支障が出ないように相続手続がスムースに完了するようにしておくこと。いずれも自筆証書遺言だと家庭裁判所の検認手続に時間がかかるので、公正証書遺言にすることを忘れずに。

また、農業経営者は農地を誰に相続させるかを遺言書で決めておかないと、相続によって農地が細分化され、経営を存続できなくなる可能性もある。たとえば、農地は普段から農業を手伝っている長男にまとめて相続させ、サラリーマンの次男には預貯金を相続させるといった、現実的な遺産分割の方法を遺言するようにしたい。

12　アパート・マンション・貸家などの賃貸物件を所有している場合

■相続に手間どると、税制の特例措置が受けられない

アパートなどの賃貸物件の所有者は、その主な所有目的として「相続対策」をあげることが多い。土地を更地《さらち》にしておくよりも、賃貸物件を建てておいたほうが相続税の評価額が下がり、節税になるからだ。

しかしせっかく節税対策を完璧にしたつもりでも、遺言書をつくらないでいると結局、ムダな税金を払うはめになりかねない。相続がスムースに行われないと、次のような相続税の軽減の特例が受けられない場合があるからだ。

- ●小規模宅地の減額の特例（土地の評価額の五〇～八〇％が減額される）
- ●配偶者の税額軽減の特例（配偶者の相続財産には一定額まで税金がかからない）

これらの特例を受けるには、原則として相続税の申告期限（相続発生を知った日の翌日から一〇か月）までに相続手続をする必要がある。

もし相続人が複数いて話し合いがつかず、期限までに遺産分割協議がまとまらなければ、特例が受けられず、場合によっては数百万円から数千万円の損をすることも考えられる。

分割協議がまとまるまでのあいだは、賃貸物件は相続人の共有という形になるが、そうなると経営に支障をきたす可能性も出てくる。たとえば、アパートの老朽化によりリフォームや建て替えをする必要があっても、ほかの共有者が反対すれば実現できない。さらに相続人のうち誰が家賃を受け取るかでもめたり、勝手に家賃を使い込む人が出たり……やっかいな問題が生じやすい。

あなたが賃貸物件を次世代にのこそうと思うのなら、共有で相続させるという事態はできるだけ避けたほうがいい。そのためにも、きちんとした遺言書をのこすべきだろう。

13　ペットの世話が心配な場合

■全財産をペットに相続させる?

最近は犬や猫などのペットを家族同然にかわいがり、人生のパートナーとして暮らす人も多いようだ。自分の死後、ペットが処分されたり邪険に扱われたりしないで幸せに暮らせるようにするには、どのような遺言書をつくればいいのだろうか。

もちろん、法律上はペットに相続権はない。「全財産をペットに相続させる」などと遺言しても効力はないので、別の方法を考えなければならない。たとえば、家族や友人にペットの面倒をみてもらうかわりに、財産を遺贈するという方法はどうだろう。一〇〇ページで紹介した「負担付遺贈」である。タダでペットの面倒をみてもらうのでは相手に負担をかけるし、ちゃんと世話をしてくれないおそれもある。ペットの余命や病気の際の出費なども考慮して、適当な額を遺贈すれば、相手も気持ちよく引き受けてくれるはずだ。

この方法をとる場合は、次の点に気をつける必要がある。

いきなり「ペットの面倒をみてほしい」と遺言されても、相手にしてみれば迷惑なこともあるだろう。場合によっては拒否されるかもしれない。また、動物アレルギーや家庭の事情でペットが飼えない可能性もある。確実に世話を引き受けてもらえるように、遺言書をつくる前に相手の事情を把握したうえで、了解をとるようにする。

その人がきちんとペットの世話をしない場合は、相続人や遺言執行者が裁判所に遺言の取消を請求することができる。

近頃は、飼い主の死後、ペットを預かって世話をするというビジネスもある。契約した場合は、遺言書の中に、ペットの世話を業者に依頼したことや業者の連絡先を忘れずに記載しておこう。

第四章　本当に「使える」遺言書をつくろう

I　まず相続についての基礎を知ろう

せっかく遺言書をつくるのなら、確実に効力があって、実行されやすいものをつくりたいものだ。自己流でいい加減な遺言書をつくると、あとで遺族が困ることになる。この章では、遺言書をつくるための基礎知識と、より「使える」遺言書にするためのテクニックを紹介する。

■あなたの相続人は誰ですか

とても基本的なことだが、そもそもあなたが死んだら、誰が財産を相続できるのかご存じだろうか。それを知らないまま遺言書をつくると、まとはずれな内容になったり、相続人が遺言書の内容に不満を抱いて争いになる可能性があるので、ぜひ事前に把握しておきたい。

「相続人なんてどうでもいい。私は私のやりたいように遺言するんだ」とあなたは思うかもしれないが、それを実行した場合、相続の発生後に財産を受け取る人がほかの相続人から「遺留分をよこせ」と訴えられていやな思いをするかもしれない。やはりあらかじめ相続人について把握し、なるべく問題が起きないような遺言内容を考えたほうが望ましいと思われる。

誰が相続人になるかは、将来、相続が発生した時点でのこされた家族の組み合わせによって変わる。少しややこしいので、あなたが自分の相続人について考える際には、一三二ページのような図表を書いてみると関係が把握しやすくなるだろう。

▼相続人の判定方法
まず、戸籍上の配偶者は常に相続人になる。そのほかに親や子どもなどの血縁者がいれば、次の順序で相続する権利がある。

●第一順位……子ども（養子や認知された子どもを含む）
●第二順位……直系尊属（父母や祖父母、養父母など。しゅうと・しゅうとめは含まれない。
また、父母が生きている場合、祖父母は相続人にならない）
●第三順位……兄弟姉妹（一方の親のみが同じ兄弟姉妹、いわゆる半血兄弟を含む）

もしより高位の順位の人がいれば、それより下の人は相続人にならない。つまり第一順位の

【あなたの相続人は誰?】

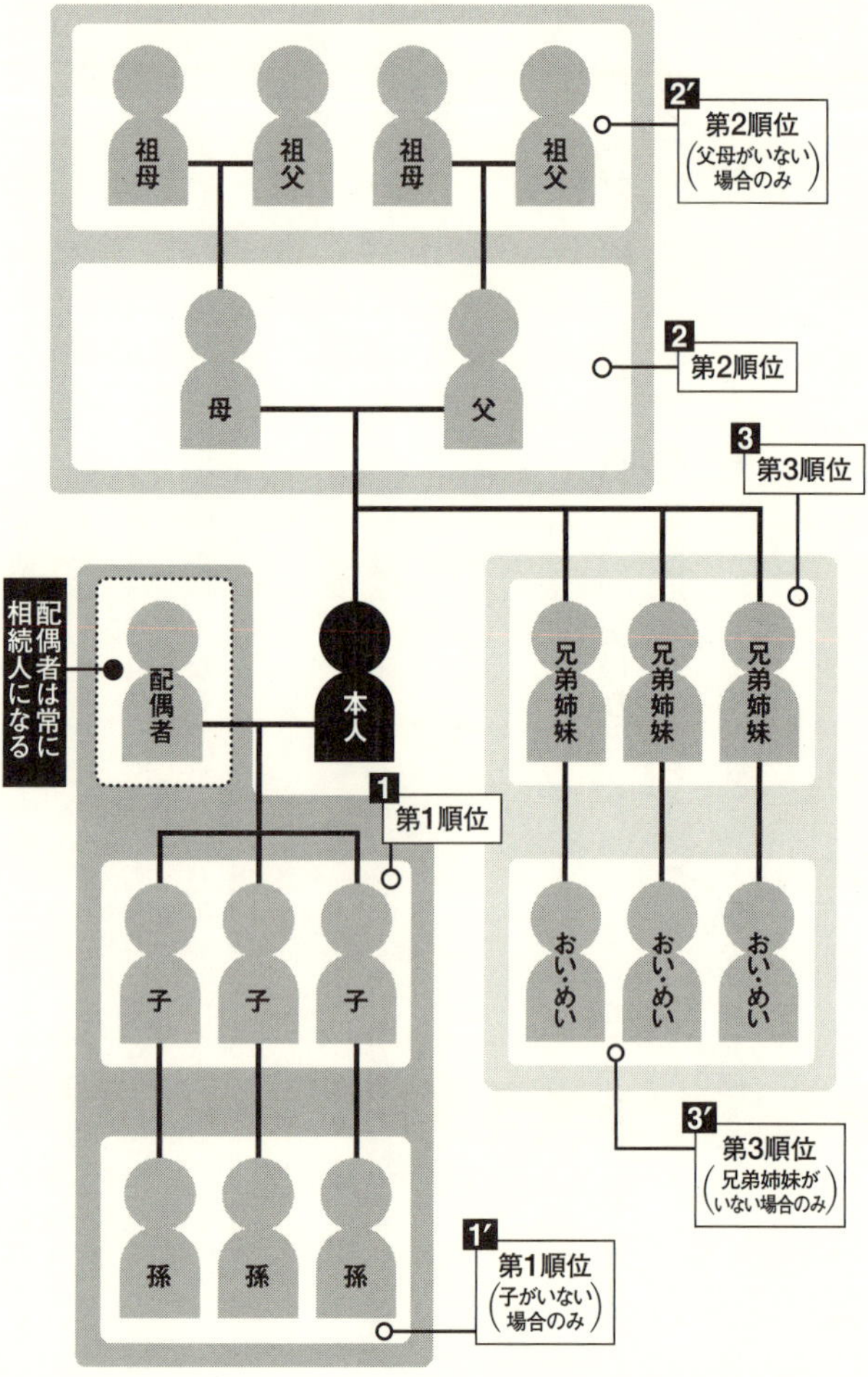
祖母
祖父
祖母
祖父
2′ 第2順位
(父母がいない場合のみ)
母
父
2 第2順位
3 第3順位
配偶者は常に相続人になる
配偶者
本人
兄弟姉妹
兄弟姉妹
兄弟姉妹
1 第1順位
子
子
子
おい・めい
おい・めい
おい・めい
3′ 第3順位
(兄弟姉妹がいない場合のみ)
孫
孫
孫
1′ 第1順位
(子がいない場合のみ)

子どもがいれば、第二順位以下の親や兄弟姉妹がいても、彼らには財産を相続する権利がないということだ。

勘違いしやすいが、しゅうと・しゅうとめ、嫁・娘婿、いとこ、おい・めい、孫などは本来は相続人ではない。自分が死んだら孫に財産をあげようとか、会社の株式を娘婿にあげて会社を継がせようと考えている人がいても、ふつう彼らは相続人ではないので、そのままでは実現できない（その場合は、遺言書をつくれば実現できる）。

ただし本来は相続人ではない人でも、場合によっては相続人になることもある。第三章でも少し触れた「代襲相続」のケースである。本来の相続人が相続発生時にすでに亡くなっている場合は、その子どもがかわりに相続人になる。たとえば父親が亡くなったときに、本来は相続人であるはずの長男がすでに亡くなっていれば、長男の子どもがかわりに相続する。もしその子も亡くなっていれば、さらにその子どもと、下に続く。ただ、兄弟姉妹についてはその子ども（おい、めい）までしか相続の権利がない。

■法定相続分を把握する

相続人が数人いる場合でも、法律上みんなが同じ割合で財産をもらう権利をもっているわけではない。誰と誰が相続人になるかという組み合わせによって、法定相続分は変わってくる。主なパターンをあげてみよう。

▼法定相続分

●配偶者と子ども……二分の一ずつ。子どもが非嫡出子（婚姻外で生まれた子）なら、法定相続分は嫡出子の二分の一になる
●配偶者と直系尊属……配偶者が三分の二、直系尊属が三分の一
●配偶者と兄弟姉妹……配偶者が四分の三、兄弟姉妹が四分の一

同順位の相続人が複数いるときは法定相続分を人数で割る。たとえば配偶者と子どもがいる場合、相続分はそれぞれ二分の一だが、子どもが三人いるとしたら子ども一人の相続分は〈二分の一×三分の一〉で六分の一になる。また、半血兄弟の相続分は普通の兄弟姉妹の二分の一となっている。

■本来の相続人が主張できる権利（遺留分）がある

このように、相続人にはそれぞれ固有の権利があるが、遺言書をつくる際には必ずしもそのとおりにしなければならないわけではない。たとえ妻子がいても、「愛人に全財産を遺贈する」と遺言をしてもかまわないし、そんな遺言書でも法的な効力はある。

しかし、このような場合に妻子がそのまま黙っているわけがない。

法律でも、本来の相続人が主張できる権利を認めている。それが「遺留分の減殺《げんさい》請求権」だ。

本来、自分の財産はどのように処分しても自由だが、遺言によってあまりにも身勝手な処分をすると、遺族が生活に困ったり、遺族の期待を裏切ることになりかねない。そこで法律では、本人が自由に処分できる財産の割合を制限して、相続人には一定の割合（遺留分）をのこすように定められている。

遺留分は兄弟姉妹以外の法定相続人（配偶者、子、直系尊属）にあるが、それぞれの割合は次のとおりだ。
●相続人が直系尊属のみの場合……遺産の三分の一
●それ以外の場合……遺産の二分の一

前述のような「愛人に全財産を遺贈する」という遺言書がのこされた場合でも、妻と子どもは遺産の二分の一の遺留分をもっている。もし遺産が一〇〇〇万円なら、妻子の遺留分はあわせて五〇〇万円だ。いくら愛人に全財産を遺贈しようとしても、最低限これだけは妻子に権利がのこされる。

ただし、この場合でも妻子は黙っているだけでは遺産を手に入れることはできない。みずから愛人に対して遺留分の減殺請求をしなければならない。しかもこれには期間制限があり、相続が発生したことや遺贈があったことを知ったときから何もしないで一年たつと、この権利は時効により消滅する。また、相続の発生から一〇年たっても時効で消滅する。

つまり、遺留分は身勝手な遺言者に対する相続人の救済策ということができる。「それじゃ、遺言書をつくってもあまり意味がないじゃないか」と考える人もいるだろうが、そうともいえない。もし相続人が遺留分減殺請求をしなければ、遺言書のとおりに財産は処分されるからだ(この例だと、愛人が全財産をもらうことになる)。

一方で、見方を変えると、遺留分の制度は「遺言書をのこせば相続人の取り分を大きく減らすことができる」ということでもある。本来、妻子は一〇〇%相続する権利があったのに、遺言書をのこすことで遺留分としてその半分しか請求する権利がなくなったのだから。

特に、兄弟姉妹に相続させたくない場合は、この意味で遺言書をつくる意義が大きい。もし子どものいない夫婦の一方が亡くなると、配偶者と故人の兄弟姉妹が相続人になるが、「配偶者に全財産を相続させる」という遺言書さえあれば、兄弟姉妹には遺留分がないので彼らの取り分はゼロになる。配偶者は故人の兄弟姉妹に口を出されることなく安心して財産を相続できるだろう。

なお、遺留分の減殺請求は、遺贈だけでなく生前贈与に対しても主張できる。たとえ故人が死ぬ前に愛人に財産を贈与したとしても、死後、相続人は愛人に対して減殺請求する余地があるということだ。

■生きているうちに、遺留分を放棄してもらうことも

「遺言書をつくっても、ほかの相続人が遺留分を主張するかもしれないと思うと安心できない。いまのうちになんとかできないだろうか」――そう思うのなら、ほかの相続人に遺留分を放棄してもらうように頼んではいかがだろう。

たとえば妻に全財産を相続させるように遺言するのなら、あらかじめ子どもたちに遺留分を放棄してもらうように頼むのだ。そうすればあなたの死後、子どもたちが財産がほしいと言い

出しても、すでに遺留分は放棄されているので、妻は全財産を相続できる。

遺留分の放棄は、家庭裁判所に申し立てて許可してもらう必要がある。必ず認めてもらえるわけではなく、以下のような正当な理由があると判断される場合にかぎられる。
●遺留分の放棄が強要によるものではなく、自発的な意思によること
●放棄をする人が、被相続人からすでに十分な財産をもらっていたり、財産を相続しなくても十分生活できる資力があること

遺留分の放棄はあくまでも任意なので、普段から家族仲がよく、子どもたちがお金に困っていないという状況でなければ、放棄してくれるように頼むのは難しいだろう。完璧な遺言書をつくるには、家庭になんの問題もないときにする必要があるというのは、こういう理由にもよる。

遺留分の放棄と違い、相続の放棄の場合は、自分が生きているうちに相続人に手続をしてもらうことはできない。自分が死んだら相続を放棄しろ、と子どもたちに迫って念書を書かせたとしても、相続のときに法的な効力はない。

■相続人に公平感を与えるように配慮する

遺言書をつくる際には、なるべく相続人に不公平感を抱かせないような内容を考えるのが望ましい。たとえば親が子どもに財産を相続させるなら、次のようなことを考慮するといい。

- 親がそれぞれの子どもに対して、どんな経済的援助をしたのか（子どもの独立資金やマイホーム資金、結婚資金、海外留学の費用など）
- 反対に、子どもたちがどれだけ親の財産を増やしたり、出費を抑えることに貢献したか（仕事をやめて家業を手伝ったり、親の介護に専念したなど）

具体的にいうならば、長男にはこれまでに総額一〇〇〇万円程度の経済的援助をしたが、次男には三〇〇万円程度しか援助していないという場合、次男に多めに財産をあげるようにしないと不満をもたれる可能性が高い。また、長男が同居して介護してくれたのなら、そのことを配慮する（金額を上乗せするなど）ほうがよいかもしれない。このように、これまでの関係をもとに相続させる金額を調整するといいだろう。

ただし、親がなぜ子どもの相続分に差をつけたのか理解されなければ、子どもたちが疑念を抱いて逆効果になることも考えられる。それを防ぐためには、次に紹介する付言事項を活用しよう。

■遺言書に書き切れない心情は「付言事項」に

付言事項とは、遺言書の最後につける相続人へのメッセージのことだ。本文とは違って法的な効力はないが、なぜそのような遺言をしたのかという理由や、家族への感謝の気持ちなどを書くことで、相続人が遺言の内容を理解しやすくなる。遺言書の本文には主に経済的なことを書き、付言事項には心情的なメッセージを書くと考えるといい。また、葬儀やお墓の希望など本文に入れられないことについても、付言事項にすることで希望を伝えられる。

付言事項には何を書いてもいいが、なるべくマイナスの心情は書きのこさないほうがいい。日頃から相続人に不満を抱いていたとしても、遺言書にそれを書くと相手にはずっといやな思いがのこるだろう。それに遺言書は第三者に読まれることを前提にしているので、プライベートなことを書き連ねるのは、遺言をする人にとってもあまり望ましくないはずだ。相続人に対して、個人的にどうしても伝えたいことがあるのなら別途、手紙という形でのこしたほうがいいだろう。

■遺言書には二種類のつくり方がある

遺言書をつくるのは難しそうだ、または面倒そうだと敬遠する人がいる一方で、「遺言書なんて簡単じゃない。私は毎年、お正月に書き換えているよ」などと自慢げにいう人もいる。

そういう人に話を聞くと、たいていは自分で遺言書を書いて保管しているようだ。内容については自分で適当に文章を考えたり、遺言書の文例集を買ってきてそのとおりに書き写したりして、最後に完成した遺言書を封筒に入れて机の引き出しや金庫にしまい、「これでもう大丈夫」と安心している。

しかし、本当にそれでいいのだろうか。簡単につくれる遺言書には、どこかに落とし穴がひそんでいないだろうか。将来、実際に相続が発生したとき、はたしてその遺言書は役に立つのだろうか。すでに遺言書をつくった人も、これからつくる人も、あらためて考えてみてほしい。

これまで「自筆証書遺言」と「公正証書遺言」という言葉が何度も出てきたが、ここでくわしく説明しよう。

遺言書には、二つの方式がある。
●普通方式（自筆証書遺言、公正証書遺言、秘密証書遺言）
●特別方式（死亡危急者遺言、伝染病隔離者遺言、在船者遺言、船舶遭難者遺言）
特別方式は、臨終まぎわや船中での万一の事態の際に作成するもので、めったに使われることはないので、ここでは普通方式のうち、よく利用される二つの方法について説明する。

▼自筆証書遺言

名前のとおり、遺言書の全文を自筆で書くものだ。紙とペンさえあればいつでも作成できるので、内容を誰にも知られずにすみ、費用がかからないというメリットがある。

その反面、書き方に不備があって遺言が無効になったり、遺言書を紛失したり、第三者が遺言書を破棄・隠匿・変造するおそれがある。また本人の死後、相続人が相続手続をするためには、その前に家庭裁判所で遺言書の検認を受けなければならず、手間と時間がかかる。

▼公正証書遺言
公正証書による遺言書のこと。遺言をする人が、公証役場で公証人に遺言の内容を話して文面を作成してもらう。その際に、証人二人が立ち会う必要がある。遺言書の原本は半永久的に公証役場で保管されるので、紛失のおそれがない。

多少の手間と費用がかかるが、法律の専門家が作成するので様式不備によって無効となる可能性が低く、遺言書の紛失や偽造、隠匿などのおそれもない。また、本人の死後、検認手続をしないですぐに相続手続をすることができる。それ以外にも、次のようなメリットがある。
- 自分で文面を作成する手間がかからない
- 公証人から、遺言書の内容について法的なアドバイスが受けられる
- 証人が立ち会うので、あとで遺言書の有効性が問題になったときに立証しやすい

Ⅱ　自筆証書遺言

■自筆証書遺言の落とし穴

遺言書というと自筆証書遺言か公正証書遺言が一般的だが、あなたならどちらを選ぶだろうか。もしかしたら内心、「公正証書遺言のほうが安全そうだけど、自筆証書遺言のほうが簡単につくれるし、誰にも内容を知られなくてすむからこっちがいいな」と思っていないだろうか。

私にも、その気持ちはよくわかる。誰だって費用をかけず、まわりに内緒で遺言書がつくれるなら、それに越したことはないだろう。実際、私も昔はそう考えていたので、はじめて自分自身の遺言書をつくったときは自筆証書遺言にした。

しかし、仕事上さまざまな事例に接するうちに、自筆証書遺言にはいくつもの問題点やデメリットがあり、現実に多くのトラブルが生じていることがわかった。おかげで、いまや私は自筆証書遺言をつくるぐらいなら、いっそ遺言書なんてつくらないほうがマシだとさえ考えるようになっている。その理由はというと——。

ひとことでいえば、自筆証書遺言は役に立たないことが多いのだ。いざ本人が亡くなって遺言書を開けてみたら、様式や内容に欠陥があって法的に効力がなかったり、財産の記載方法が間違っていて相続手続ができなかったりする。また、本人の自筆かどうかをめぐって争うなど、遺族がもめることも少なくない。

自筆証書遺言の問題点について、十分理解してもらえるようにくわしく説明しよう。

▼遺言書を紛失する可能性が高い

自筆証書遺言は自分で保管することが多いので、机の引き出しにしまったり本のあいだにはさんだままにしておいて、いつのまにか所在がわからなくなることがある。遺言書を作成してから相続の発生までに年月がたつほど、その可能性は高まる。

また、家族が誰も遺言書の保管場所を知らないでいると、死後、遺言書が発見されない可能性もある。父親の死後一〇年以上たってから遺言書をみつけたという人がいたが、家族で話し合って、その遺言書はなかったことにしようという結論になったそうだ。遺言書をのこした本人にとってみれば、さぞ無念だろう。

さらに、遺言書を銀行の貸金庫で保管していたら、遺族がなかなか貸金庫を開けなかったために発見が遅れたケースもある。このような場合、仮に葬儀やお墓について遺言されていても、開封したときはすでに手遅れということになってしまう。

▼相続人が遺言書を勝手に書き換えたり、隠したりする

自筆証書遺言は、当然ながら原本が一通しかない。だから、第三者が勝手に内容を書き換えたり遺言書を隠したりしても発覚しにくい。遺言書に自分に都合の悪いことが書いてあったので相続人がそれを破り捨てたとしても、誰も気づかないかもしれないのだ。

ある男性は、父親の葬儀の前に遺言書をみつけたので、開封をせずにテーブルの上に置いておいたところ、葬儀が終わったときには影も形もなくなっていたという。犯人はおそらく、父親とあまり仲のよくなかった弟だろうと思われたが、証拠がない。

法律上は、相続人が遺言書を破棄・隠匿・変造した場合、その人には相続人としての資格がないものとするという制裁措置がある。しかし原本が一通しかない以上、このような場合、遺言書の存在を立証するのは難しいし、実際のところ、自筆証書遺言を破棄・隠匿されたら打つ手はないと考えたほうがいい。先の男性は、遺言書になんと書いてあったのか、いまでも気に

なってしかたがないそうだ。

また、相続人の一人が遺言書を独占して、ほかの相続人にみせてくれないこともある。ある男性は、父親と同居していた兄から「親父が俺に全財産を相続させるという遺言書をのこしたから、遺産を放棄する書類にハンコを押してくれ」といわれた。兄に「遺言書をみせてくれ」といってもどうしても応じてくれないので、しぶしぶハンコを押してしまった。そもそも遺言書が存在したのかどうかもあやしいが、存在しないとも言い切れないので、応じてしまったのだという。

公正証書遺言だったなら、相続発生後に相続人が公証役場に遺言書の謄本を発行してもらって内容を確認できるので、こういったケースは避けられたはずだが、自筆証書遺言ではそうもいかない。

▼相続手続に時間がかかる

自筆証書遺言は、家庭裁判所で検認を受けなければ開封できないことになっている。もし検認を受けないまま開封すると、五万円以下の過料がかせられる（とはいえ、実際にかせられた例はまずないようだが）。遺言書に封印がされていない場合、開封はできるが、不動産や預貯金の相続手続をするためには、やはり検認を受ける必要がある。

検認とは、自筆証書遺言を誰かが勝手に書き換えたり破棄したりするのを防ぐために、遺言書の形状や内容などの現状をありのままに調書にのこすもので、一種の証拠保全手続といえる。誤解されがちだが、その遺言書がたしかに故人が書いたものかどうか、遺言の内容が有効かといったことを裁判所が判断するわけではない。

この検認を受けるには、けっこう手間ひまがかかる。家庭裁判所に行けば、その場でハンコをポンと押して終わりというわけにはいかない。手順としては、
①家庭裁判所に検認手続の申立書を提出する
②後日、相続人全員に呼び出し状が届く
③申立人が遺言書の原本を持参して検認を受ける
という流れになる。当日出席できない場合は、家庭裁判所に請求して検認調書の謄本を発行してもらえば、遺言書の内容を確認できる。

家庭裁判所の混み具合にもよるが、通常は申し立てから検認まで一～二か月かかる。また、申立書には相続人の戸籍謄本や故人の戸籍謄本（出生から死亡まですべて）を添付しなければならないので、これらをそろえるための時間もかかる。トータルすると、自筆証書遺言を発見

してから実際に検認を受けるには、二〜三か月かかるとみたほうがいいだろう。そのあいだ、相続手続はストップしたままだ。

問題は、そうやって検認に時間をかけているあいだに、相続人のうちの誰かが勝手に相続手続をしてしまう可能性があることだ。不動産については、遺言書があってもなくても関係なく、自分の相続分についてだけなら相続人が登記すること自体は不可能ではない。たとえ遺言書に、「不動産を長男に相続させる」と書いてあっても、次男が勝手に自分の相続分を自分名義に登記しなおして、第三者に売却することが可能なのだ（もちろん、そんなことをすれば相続人同士でトラブルに発展する可能性は高い）。そうなると、長男は不動産を取り戻すために裁判で争わざるをえず、多くの手間と費用がかかる。

もしこれが公正証書遺言なら、検認が不要ですぐに相続手続ができるので、このような問題は起こりにくい。自筆証書遺言の問題点はいろいろあるが、実務的な観点からいえば、スピーディに相続手続ができないことがいちばんの欠点といえるだろう。

■自筆証書遺言をつくるのは意外に難しい

自筆証書遺言の書き方は、法律で定められている。基本的なルールは、次の三つだ。

●全文を自筆で書く
●日付を書く
●最後に署名、押印をする

これだけを読めば、「なんだ、簡単そう」と思うかもしれない。しかし実際は意外と難しく、様式不備で無効になるケースがかなりある。これは勘違いや思い込み、自己流の書き方などにより、知らないうちに「やってはいけないこと」をやってしまっているのが原因だ。たとえば、以下のようなことだ。

●「全文を自分で書けばいいんだろう」とばかりに、パソコンで文書を作成する（これを自筆とはいわない）
●夫婦仲よく、連名で遺言書をつくる（共同遺言ということで無効になる）
●遺言書の文面を訂正する際に、やり方を間違う（その部分の遺言は無効になる）
●遺言書の文字があまりに悪筆すぎて、第三者が読めないまた、遺言書に書いた相続人の名前や財産の表記が間違っていると、手続ができないことがある。特に不動産については、普段私たちが使っている書き方とは異なり、登記簿に記載された表記で書く必要があるので注意したい。たとえば、住居表示では「一丁目二番三号」となっていても、登記簿上は「一丁目　地番　八十番九」などと全然違う数字が書いてあったりする。遺言書をつくるときは、事前に法務局に行って登記簿謄本（全部事項証明書）を取り、記載どおりに書くようにしよう。新たに謄本を入手することで現在の権利関係がはっきりするし、相続発生後、遺族がスムースに相続登記ができるはずだ。手元にある不動産の権利証どおり書けばいいと思う人もいるだろうが、権利証は必ずしも現在の権利関係を正確に表しているとはかぎらないので、登記簿謄本をとったほうが確実なのだ。

これが公正証書遺言なら、公証人が登記簿謄本などの正確な資料をもとに法的にもれのない文書を作成してくれるので安心だし、本人は遺言書に署名すればいいだけなので手間もかからない。多少の費用はかかるが、公正証書遺言にしたほうが断然ラクといえるだろう。

そうはいっても、自筆証書遺言がまったくダメというわけでもない。次の条件にあう人なら、手軽な自筆証書遺言ですませても支障はないと思われる（もちろん、書き方を間違えないことが大前提だが)。
●一家の収入の支え手ではない
●不動産を所有していない
●全財産を一人に相続させるなど、遺言の内容がシンプルである
●遺言の内容をめぐって、相続人がもめる可能性が低い
●なんらかの事情で、急いで遺言書をつくる必要がある(公正証書遺言をつくるのは時間がかかるので、このような場合、とりあえず自筆証書遺言を作成して、それから公正証書遺言にとりかかったほうが安心だ)

Ⅲ　公正証書遺言

■特に公正証書遺言にしたほうがいいケース

一般的に遺言書は公正証書遺言にしたほうが望ましいが、特に次のような人はその必要性が高いといえる。

- 本人名義の不動産や預貯金など、それなりの財産がある
- 相続手続の際に家族に手間をかけたくない
- 手に障害があるなどの理由により、文字が書けない
- 遺言の内容が複雑である
- 第三者への遺贈や子どもの認知、相続人の廃除など、相続人の利益を損ねるような遺言をしたい

■寝たきり状態でも、少々ボケていても遺言書はつくれる

遺言書は元気なうちにつくるのに越したことはないが、心身ともにおとろえた状態になってからようやくその気になる人もいるだろう。だが、そのような状態でもはたして公正証書遺言はつくれるのか、つくったとしても無効になるのではないかという心配がある。

まず、身体能力がおとろえたぐらいでは公正証書遺言をつくるのに支障はない。寝たきりで外出できないのなら、公証人に自宅や病院などに来てもらえばいい。手が震えて文字が書けないのなら、公証人がその旨を遺言書に付記して署名にかえることもできる。手話通訳や筆談によって遺言書をつくることも可能なので、聴覚や言語に障害があっても大丈夫だ。

遺言をする人が高齢で、最近物忘れが出てきたとか、いわゆる「まだらボケ」ではないかと家族が案じているような場合はどうだろうか。明らかに判断能力がない状態で、自分の財産を誰にどう相続させるかといったことについて有効な判断ができないのなら無理だが、記憶力が多少おちている程度なら不可能ではない。ただし、あとで遺言書の有効性をめぐって争いになる可能性があるので、かかりつけの医師に、遺言をする人が財産を有効に処分できる意思能力があるという内容の診断書を書いてもらい、遺言書に添付するといいだろう。

■証人は誰に頼む？

公正証書遺言をつくる際には証人が二人必要になるが、次の人は法律上、証人になれない。

- 相続人や受遺者（遺言によって財産の贈与を受ける人）
- 相続人や受遺者の配偶者と直系血族（父母、祖父母、子どもなど。なお、遺言をする人の兄弟姉妹で遺言書作成時に相続人ではない場合は証人になれる）
- 公証人の配偶者や四親等以内の親族、公証役場の書記官や職員
- 遺言書の内容が読めなかったり、理解できない人
- 未成年者

これらに該当しなければ誰でも証人になれるが、実際のところ、親戚や友人、近所の人などに頼むのは気が進まないかもしれない。知り合いに財産の内容を知られるのはいやだし、万一、遺言の内容を口外されでもしたら大変だ。依頼するなら、よほど信頼できる口の固い相手でなければならない。そう考えると、なかなか頼める相手をみつけるのは難しい。

もし適当な人がいなければ、まったくの第三者にお金を払って依頼することも考えられる。公証役場に頼めば信頼できる適当な人を紹介してもらえるし、自分で専門家（行政書士や司法書士、弁護士など）を探して依頼してもいい。専門家に頼む場合は、証人になってもらうだけでなく、登記簿謄本などの書類を集めたり、公証人との打ち合わせなど遺言書の作成に必要な作業を代行してもらうことも可能なので、仕事で忙しい人や病気で体の自由がきかない人には助かるだろう（専門家の選び方は一八二ページ参照）。また、こういった専門家には、遺言書の内容について相談したり、自分の死後、遺言執行者になってもらうように頼むこともできる。

■費用と時間はどれだけかかる？

公正証書遺言をつくるのにかかる費用は、公証役場に支払うものと証人に支払うものがある。

公証役場については、公証人手数料と用紙代だ。

まず公証人手数料は、遺言をする人の財産の額や相続人の数によって変わる（手数料は一五七ページを参照）。財産を相続させる相手ごとに手数料を計算して、最後に合算する（目的価額の合計額が一億円を超えない場合は、一万一〇〇〇円が加算される）。用紙代は一枚二五〇円で、遺言書の枚数によって異なるが、通常なら三〇〇〇円程度になる。

【公正証書遺言の作成にかかる手数料】

目的の価額	手　数　料
100万円以下	5,000円
100万円を超え200万円以下	7,000円
200万円を超え500万円以下	11,000円
500万円を超え1,000万円以下	17,000円
1,000万円を超え3,000万円以下	23,000円
3,000万円を超え5,000万円以下	29,000円
5,000万円を超え1億円以下	43,000円
1億円を超え3億円以下	43,000円に5,000万円までごとに13,000円を加算
3億円を超え10億円以下	95,000円に5,000万円までごとに11,000円を加算
10億円を超える場合	249,000円に5,000万円までごとに8,000円を加算

●相続人、受遺者ごとに価額を算定して合算する。不動産は、固定資産評価額を基準に評価する
●合計額が1億円を超えないときは、上記金額に11,000円を加算する
さらに、遺言書の用紙代が3,000円程度かかる
●公証人が病院等に出張するときは、上記の手数料が5割増しになり、規定の日当、旅費がかかる
（日本公証人連合会のホームページより）

【公正証書遺言の作成にかかる手数料の計算例】

● 相続人2人に2,000万円ずつ相続させる場合

- 公証人手数料…**23,000**円 × **2**人= **46,000**円
- 遺言加算※…**11,000**円
- 用紙代…約**3,000**円

合計 約**60,000**円

※1通の公正証書遺言における目的価額の合計額が1億円を超えないときに加算される

また、遺言をする人が病気などの理由により、公証人に自宅や病院に来てもらう場合は、公証人手数料が五割増しになるほか、公証人の日当（四時間までは一万円、これを超えると二万円）と交通費（実費）がかかる。

証人に支払う謝礼については、特に決まりはない。相手との関係や、どれだけ手数をかけるのかといった事情により、適当な金額を決めることになる。親しい相手で謝礼を払わなくてもかまわない場合でも、遠方から来てくれるのなら交通費ぐらいは渡したほうがいいだろう。公証役場に証人を紹介してもらう場合の謝礼は、一人あたり五〇〇〇円から八〇〇〇円程度が相場だ。個人的に専門家に依頼する場合は、依頼する内容によって金額が変わるので、あらかじめ見積もりをとるといいだろう。

■遺言書の文案が間違っていないか、必ずチェックする

ここからは、公正証書遺言のつくり方を具体的に解説していこう。

どんな遺言をするか決めたら、とりあえず公証役場に電話するといい。直接訪ねてもいいが、混んでいて待たされることがあるので、電話で予約をしてから行くとスムーズだ（予約を受けないところもある）。

場所は全国どこの公証役場でもかまわないが、公証人に自宅などに出張してもらう場合は、もよりの公証役場に頼むことになるので、どの公証役場が適当なのか事前に確認しよう。

最初の打ち合わせでは、公証人に遺言の内容を話して、必要な書類について教えてもらおう（一六〇ページ参照）。すでに関係者の戸籍謄本や不動産の登記簿謄本などの書類がそろっているのなら、公証人に預ける（あとで遺言書の文案をチェックするために、書類のコピーをとっておくと便利だ）。もし公証人に証人を紹介してもらいたい場合は、この段階で依頼するといいだろう。

二回目の打ち合わせでは、公証人に遺言書の文案をみせてもらい、内容に誤りがあれば訂正する。わざわざ公証役場に出向かなくても、郵送やファックスでやりとりできる。この際、間違って別人のところに送られると大変なので、ファックスよりも簡易書留などの郵便を利用したほうが安心だ。郵送してもらいたいときは、事前に必要分の切手を貼った送付用封筒を渡しておく。

公証人が作成した文案は、必ず最初から最後までよく読んで、間違っていないかチェックしたほうがいい。公証人も人間なので、ときにはミスをするからだ。手元の謄本などのコピーと照らし合わせて、細かい表記や数字が間違っていないか確認しよう。ささいなミスでも、将来

【公正証書遺言の作成に必要な書類】

□ 本人の印鑑証明書
(最初の打ち合わせ時に持参することが望ましい。海外在住など、場合によっては
パスポートなど他の身分証明書でもよい)

□ 相続人に財産をあげる場合は、本人と相続人の関係がわかる戸籍謄本

□ 相続人以外の第三者(受遺者)に財産をあげる場合は、その人の住民票
(または相手の氏名、住所、生年月日、職業を書いたメモ)

□ 不動産をあげる場合は、登記簿謄本(法務局で取得)、および固定資産評価証明書
(市区町村役場や都税事務所などで取得)
※評価証明書のかわりに固定資産税の納税通知書でも代用できることがある

□ 預貯金をあげる場合は、それに関する資料
(通帳のコピー、または金融機関名、支店名、口座番号や残高を書いたメモ)

□ その他の財産をあげる場合は、その財産を特定できる資料

□ 誰にどの財産をあげるか、など遺言の内容を記載したメモ

□ 証人2人の氏名、住所、生年月日、職業を記載したメモ

□ 遺言執行者を指定する場合は、その人の氏名、住所、生年月日、職業を記載したメモ

□ その他、公証人から要請のあった資料

※公証人によって要求される書類が異なることがある

の相続手続に支障をきたす可能性があるので十分注意したい。

遺言をする人が公証役場に打ち合わせに行けない事情がある場合は、かわりに家族や第三者に行ってもらってもかまわない。この際に委任状は必要ないが、本人確認のために公証人から遺言をする人の印鑑証明書など身分証明書のコピーを持参するように求められることがある。

かわりに行ってくれる人がみつからないときは、公証役場に電話をして事情を話せば、こちらから遺言書の作成に必要な書類を郵送して、文案を作成してもらうことも可能だ（公証役場によっては、このようなやり方を受け付けないところもある）。当然ながら、この場合でも、遺言書の作成当日には、遺言をする人が実際に公証人と顔をあわせる必要がある。

■遺言書をつくる当日の手順

遺言書の内容が確定したら、いよいよ本番だ。事前に予約しておいた日時に公証役場を訪ねよう。

公証役場では、公証人と遺言をする人、証人二人の計四人が一室に入り、遺言書を作成する。独立した部屋ではなく、事務室とパーテーションで仕切られているだけのこともある。家族などの付きそい人がいる場合は、待合室など別の場所で待ってもらおう。

遺言書の文面はすでに完成しているので、公証人が文面を読み上げて、遺言をする人がそれを確認するという形になる。また、公証人が「不動産は誰に相続させますか」など遺言の内容について質問をするので、それに答えなくてはならない。

遺言書の内容をすべて確認し終わったら、全員が遺言書に署名押印する。原則として遺言をする人は実印、証人は認印だ。その後、受付で手数料や用紙代を現金で支払い、遺言書を受け取ったらすべて完了だ。なお、支払うべき金額は事前に尋ねれば教えてくれる。

遺言書は、同じ内容のものが全部で三通つくられる。一通は「原本」で、公証役場に保管される。二通目は「正本」で、本来は遺言をした人が保管するものだが、将来相続手続で使用するのであらかじめ遺言執行者に渡しておくといいだろう。三通目は「謄本」(原本の内容をコピーしたもの)で、遺言をした人が保管する。原本が公証役場に保管されているので、将来、相続が発生したときに、仮に正本や謄本を紛失していたとしても、公証役場で再発行してもらえるので安心だ。

■作成後に記念写真を撮る

これは別に義務ではないが、あとでトラブルになりそうな内容の遺言書をつくった場合は、遺言をした人の写真を撮影しておくといい。たとえば、公証役場の看板のそばで完成したばかりの遺言書を手にした様子を写真におさめるのだ。遺言をした人にとっては記念になるし、後日、遺言書の有効性をめぐって争いになったときに証拠の一つになるだろう。

これは余談だが、公正証書遺言では遺言をする人になりすまして勝手に遺言書を作成することが不可能ではない。本人確認を印鑑証明書で行う場合、実印を手に入れられる立場にいる人が、遺言者本人のふりをして勝手に遺言書を作成することが可能なのだ。私の経験では、遺言者と同居していた弟が、勝手に実印を使って遺言書をつくったのではないかと疑われたケースがあった（仮にこの行為が立証されれば、刑法上の公正証書原本不実記載罪が成立する可能性がある）。

遺言書の偽造を防ぎ、より信頼性を高めるためには、公証役場が本人確認の手段として印鑑証明書の提示を求めるときに、あわせて写真付のパスポートや運転免許証などの提示を求めるように制度を改善すべきではないかと私は考えている。

Ⅳ　トラブルにならない遺言書をつくるコツ

■自分の希望を最優先に考える

遺言書のつくり方はわかったが、どんな内容にするかで悩んで先に進めないという人もいるだろう。そんな人のために、内容を決める際のコツを紹介しよう。

▼まず、思いのままを書き出してみる

遺言書をつくろうと決意したからには、何か一つ、「これだけは実現させたい」という強い思いがあるはずだ。それを軸にすえれば、遺言書の全体が組み立てやすくなる。たとえば、妻の老後のために全財産を相続させたいとか、同居している長男にマイホームをあげたいとか、自分が経営する会社の株式を次男に承継させたいといったことだ。

その際、ほかの人のことや全体のバランスなどのよけいなことを考える必要はない。まずい

ちばん大切な人や、いちばん気にしている問題のことだけを考えて、それについてどうしたいかということを紙に書き出してみよう。頭の中で考えているだけでなく、具体的に書くことで自分の望んでいることが明確になるだろう。

▼相続人や財産をもらう人の立場を考える

次に考えたいのは、その財産をもらった相手が喜んでくれるかどうか、あるいは困ったりしないかということだ。「財産をもらえるんだから、当然喜ぶだろう」と思うかもしれないが、そうとはかぎらない。財産の種類によっては、相手がほしくないものや相手の手に負えないものがあるかもしれないからだ。

たとえば都会に住んでいる子どもに、田舎の山林や畑を相続させたらどうだろう。子どもは手入れができないし、売るのも難しければ困ってしまう。農業をしている父親がサラリーマンの子どもに、田んぼを相続させるから農業を継いでほしいと遺言しても実現は難しいだろう。

また、マイホームを売却して、そのお金をみんなで平等にわけてくれと遺言しても、そこに家族の誰かが住んでいれば、その人が住むところを失うことになる。あるいは、資産運用といえば預貯金ぐらいしかなじみのない老妻に、株式をのこしてもうまく運用できるとは思えない。

このように、誰にどの財産をあげるかについては、受け取る相手の事情を十分考える必要がある。

▼ほかの相続人の言い分を考える

特定の人にたくさん財産をあげるなど、自分の希望を最優先すると、ほかの相続人から文句が出るかもしれないと思うなら、相続人ごとに解決策を考えて、なるべく遺言書に反映させるようにしよう。

何も対策をとらないと、財産をもらう人がほかの相続人から遺留分の減殺請求を受けたり、相続手続を妨害されるなどのトラブルが起きるかもしれない。よほど財産をあげたくない事情があれば別だが、そうでなければほかの相続人にも多少の配慮をみせたほうが望ましい。

たとえば、「できるだけ多くの財産を妻に相続させたい」という希望をもつ男性のケースなら、次のような対策が考えられる。

●子どもへの対策

自宅は妻に相続させて、子どもには預貯金や有価証券などの換金性の高い財産の一部を相続させたり、ある程度の財産を生前贈与したりしておく。また付言事項として、妻に多くの財産を相続させようと思った理由や、子どもたちが不満をもたずに母親を大切にするように、といったことを書けば、納得してもらいやすくなるだろう。

●親への対策

子どもがいない場合には、妻が男性の親から遺留分の減殺請求を受けないように、遺留分に相当する額の預貯金を親に相続させるとか、親が死亡保険金を受け取れるように手配することなどが考えられる。

特に、日頃から親の生活の面倒をみている人の場合、死後、親の生活がなりたたなくなる可能性が予測できるなら、ある程度の財産をのこすようにしたほうがいいだろう。

●きょうだいへの対策

きょうだいにはもともと遺留分を請求する権利がない。ただ、妻がきょうだいから責められることのないように、なぜこのような遺言をしたのかという理由と、彼らの理解を求める付言事項を書いておくといい。

■遺言書に盛り込むことが望ましい項目

誰にどの財産を相続させるかということ以外にも、これはぜひ遺言書に盛り込んだほうがいいという項目がいくつかある。それらを網羅すれば、将来相続が発生したときに遺族がスムースに手続できるし、あなたの意思が実現される可能性が一段と高まるはずだ。

すでに解説した項目もあるが、それらも含めてここにまとめておく。公正証書遺言ならおそらく公証人がこれらを記載するようにアドバイスしてくれるはずだが、自筆証書遺言の場合は、自分で記載もれがないかチェックしてほしい。

▼預貯金と不動産については財産が特定できるように書く

仮に遺言したい内容が、「全財産を配偶者に相続させる」といったシンプルなものでも、将来の相続手続のことを考えると、不動産と預貯金についてはその詳細を書いておいたほうがいい。特に預貯金の一部を相続させるような場合は、どの銀行のどの支店の口座かが特定できないと、せっかく遺言書があってもそれだけでは手続できない。

●不動産の記載方法
法務局で登記簿謄本（全部事項証明書）を取得して、土地・建物の所在、地番などを遺言書に正確に書き写す。通常の住居表示とは異なるので注意しよう。特に、マンションの記載方法は複雑で、どの項目を書き写せばいいのか迷いやすい。
●預貯金や有価証券など金融資産の記載方法
その資産の口座がある金融機関名と支店名を記載する。全部ではなく一部をあげようとする場合は、口座番号まできちんと書く必要がある。また、最近は郵便局や銀行でも国債や投資信託などの有価証券を取り扱っているので、いまは預貯金しかなくても、「預貯金および有価証券ならびにその他の金融資産」と記載しておけば、将来そういった有価証券を保有することになっても遺言書を書き換えなくてすむ。

▼預貯金や不動産以外の財産についても記載しよう
遺言するときは、つい不動産や預貯金など目立った財産に目を奪われがちだが、それ以外の財産についても遺言内容に加えておかないと、相続が発生したときに、それらについての遺産分割協議が必要になるので注意が必要だ。特に、次のようなものは記載もれになりやすい。

●遺言書をつくったあとに増加した財産
●登記していない不動産
●自動車、骨董品、家財道具、趣味で集めた品々など、個別に記載するほどではない財産

▼お墓や葬儀について（祭祀の主宰者の指定）

亡くなった人の葬儀や法事を執り行ったり、お墓や祭壇、位牌、遺骨などを受け継ぐ人のことを「祭祀の主宰者（または承継者）」という。お墓などの祭祀財産を複数の相続人で相続すると、祖先のまつりごとをする際に都合が悪いので、誰か特定の人に相続させるのが一般的だ。お墓や位牌を誰がまもるのかあいまいにしておくと、あとで争いになることがあるので、なるべく遺言書で指定しておいたほうがいい。誰にするか迷ったら、自分の葬儀の際に喪主になってほしい人を指定するといいだろう。

▼財産をあげようと思っていた相手が先に亡くなる場合に備える（予備的遺言）

財産を遺贈、あるいは相続させようと思っていた相手が、相続発生時にすでに亡くなってい

【遺言執行者指定の記載例】

遺言執行者として、次の者を指定する。
氏名：田中一郎
職業：会社員
生年月日：昭和○年○月○日
住所：○○県○○市○○町○番地
遺言者は、遺言執行者に対して、不動産・預貯金の名義変更、払い戻し、有価証券の名義変更、売却、保護預かり契約の解約、貸金庫の開閉、内容物の受領、貸金庫契約の解除、その他遺言の執行に必要な一切の行為をする権限を与える。

る場合、その部分についての遺言内容は無効になってしまう。そのような場合に備えて、あらかじめ次に相続させる人を指定することができる。

▼遺言執行者を指定する

遺言執行者を指定する場合は、その人にどんな権限を与えるかまで具体的に指定しておくと、将来相続手続がスムースに行える。上の例文のように記載しておけば、遺言執行者がオールマイティーに権限を行使できて便利だ。

■法的効力をもつ項目はかぎられる

遺言書にはいろいろなことを書きたくなるものだが、何を書いてもいいわけではない。内容によっては法的な効力がなかったり、実現が難しいものもあるからだ。

たとえば、「自分が死んだら妻は一生喪に服し、ほかの男性と結婚してはならない」と書いたところで、奥さんが再婚をするのを止められるわけではない。また、葬儀のやり方について細かく指定しても、遺族がそのとおりにする法的義務はない。

遺言書の内容で法的効力をもつのは、財産の処分と相続の方法、身分上の行為にかぎられる。具体的には次のようなことだ。

▼財産の処分方法

誰にどの財産を相続させるかについて指定できる。法定相続人に相続させるだけでなく、第三者に遺贈したり、学校や公益団体に寄付したりもできるし、財産が多額の場合は財団法人を設立するように遺言することもできる。

▼相続分の指定

遺言書で相続人の法定相続分とは違う割合を指定することができる。たとえば、「妻が財産の八割を、長男が二割を相続する」というように指定できる。ただ、相続人の遺留分を侵害すると、あとで遺留分の減殺請求をされる可能性がある。

▼負担付遺贈

無条件に財産をあげるのではなく、なんらかの条件をつけることも可能だ。たとえば「全財産を長男に相続させるかわりに、妻の生活費として月々〇万円渡すこと」とか、「預金を〇万円遺贈するかわりに、飼っている犬の面倒を最後までみること」など、なんらかの義務の履行を条件にするのだ。もし相手が財産を受け取っても遺言を実行しない場合は、相続人や遺言執行者が家庭裁判所に訴えて、遺言を取り消すことができる。

ただし、相続発生後に相手が負担付遺贈を拒否する可能性もあるので、あなたが元気なうちに相手の了解を得ておいたほうがいい。

▼遺産分割の禁止

自分の死後、一定期間（最長五年間）、遺産分割を禁止できる。遺族が遺産分割をめぐってもめそうなときや、農地など分割されると事業の存続が危うくなるような財産があるときに、このような遺言内容を入れるといいだろう。

▼相続人の廃除、廃除の取消

将来相続人になるべき人が、遺言者が家族の縁を切りたいと思うほどその人への暴力や非行を繰り返しているなら、その人を相続人から廃除することができる。

廃除できるのは、遺留分のある人(配偶者、子ども、直系尊属)にかぎられるので、遺留分のない兄弟姉妹は廃除できない。もし兄弟姉妹に財産を相続させたくないのなら、財産をほかの人に相続させるような文言を盛り込めばいい。

ただし、相続人の廃除はかなり深刻な場合でなければ認められない。遺言書で廃除について書く際には、なぜ廃除をしたいのか、理由をわかりやすく記載したうえで、遺言執行者を指定しよう。もし文章が長くなりそうなら、遺言書とは別に、廃除の理由についてくわしく述べる「宣誓供述書」を公証役場でつくることも考えられる。

いったん相手を相続人から廃除したが、事情が変わったので廃除を取り消したいという場合は、家庭裁判所に申し立てるか、遺言書の中で取り消して、遺言執行者に手続をまかせることもできる。

▼子どもの認知

それまで子どもを認知しなかったが、死後なら認知してもいいと思う場合は、遺言書で認知し、遺言執行者を指定すれば、子どもに財産を相続させることができる。

▼未成年後見人の指定

すでに配偶者が亡くなっていて、自分に万一のことがあったとき、幼い子どもの面倒を誰がみるのか心配な場合は、遺言書で未成年後見人を指定することができる。

▼遺留分の減殺方法の指定

財産をもらった人が（ほかの相続人から）遺留分の減殺請求を受ける可能性があると判断した場合、どの財産から遺留分を払ってほしいかを、あらかじめ遺言書の中で指定できる。この指定があれば、請求を受けた人が迷わなくてすむだろう。

▼担保責任の指定

相続が発生したときに、遺言書に書いてある財産が消失していたり、高価な骨董品に傷がついて資産価値がなくなっていたような場合、それをもらった相続人がほかの相続人にくらべて損をすることになる。このような事態が生じたときは、ほかの相続人が穴埋めする義務がある（これを「担保責任」という）。誰がいくら損失を負担するかはケースバイケースだが、あらかじめ遺言書で誰にどれくらい担保責任を負わせるかを指定することができる。

以上のほかに、前にも述べた祭祀の主宰者や遺言執行者の指定なども法的な効力をもつ。

■遺言執行者には強力な権限がある

これまでみてきたように、公正証書遺言にはいろいろな利点があるが、公正証書遺言にしておけば絶対に問題が生じないかといえば、そういうわけではない。というのは相続人全員が合意すれば、遺言の内容を無視して別のやり方で遺産分割をすることも可能だからだ。そういうときに力を発揮するのが、これまで何度か説明してきた遺言執行者である。遺言を自分の意思どおりに確実に執行してもらいたいのなら、遺言書の中でこの遺言執行者を指定して、その人以外は相続手続ができないようにしておくべきである。

遺言執行者は、具体的には、財産の内容を調べて目録を作成したり、不動産や預貯金の名義変更などの手続を行う。遺言執行者は相続人の代表として単独で相続手続ができるうえ、相続人が勝手に財産を処分したとしても、それを無効にできるほどの強力な権限がある。

子どもの認知や相続人の廃除について遺言する場合は、実際に手続を行うことになる遺言執行者を必ず指定しておく必要がある。また、特定の人にたくさん財産をあげたり、第三者に遺贈したりなど、ほかの相続人から不満が出そうな遺言をする場合も、確実に執行されるように遺言執行者を決めたほうが安心だ。

遺言執行者を決めると、相続手続が簡略化されるというメリットもある。相続人が複数いると、相続手続の際に全員の戸籍謄本や印鑑証明書、同意書などが必要になるなどかなりの手間がかかるが、遺言執行者がいれば原則としてほかの相続人の書類が不要になり、大幅に手間がはぶけるのだ。

■遺言執行者を誰に依頼するか

遺言執行者には、未成年者と破産者をのぞけば誰でもなれるが、相続人や受遺者を指定することが多い。実際に財産をもらう人を指定すれば、遺言を確実に実行してくれるからだ。

だが、遺言執行者は相続人や受遺者から手続に必要な書類（預貯金の通帳や不動産の権利証など）を預かることになるので、その人たちと仲の悪い人を指定するとうまくいかない可能性がある。このような不安があるならば、利害関係のない第三者を指定したほうがいいだろう。

第三者に頼む場合は、なるべく弁護士などの専門家に依頼するのが望ましい。手続の際にはある程度法律の知識が必要だし、財産をもらえなかった相続人が遺言執行者を相手どって訴訟を起こすこともある。仕事で忙しい友人に頼んだりすると、遺言執行者の重責に耐えられず辞任されてしまうかもしれない。

第三者に遺言執行者となってもらう場合は、謝礼についても考える必要がある。謝礼の金額は遺産の総額や遺言の執行にどれだけ手間がかかるかによっても変わるので、相続発生後、遺族と遺言執行者のあいだで決めるほうが現実的だ。もし気になるのなら、前もって遺言執行者と交渉してだいたいの金額を決めたり（相続財産の何％といった形で決める方法もある）、どの財産から謝礼を払うかを遺言書で指定してもいいだろう。

遺言執行者は一人ではなく、複数指定することもできる。たとえば、不動産は長男に相続させてそれ以外の財産は次男に相続させようと考えているのなら、不動産の相続手続については長男を、それ以外の財産については次男を遺言執行者に指定するという具合だ。

■遺言書の内容を変更したい

遺言書は一度つくったら終わりではなく、いつでも何度でも書き換えられるし、全部や一部を撤回することもできる。ただし、やり方を間違えるとトラブルのもとになるので要注意だ。

▼自筆証書遺言を訂正する方法

遺言書を読み返しているうちに、誤字や脱字に気づいたり内容を書き換えたくなったりすることはよくある。つい普段と同じように修正液で消して上から書き直したくなるが、これは絶対にやってはいけない。訂正方法は法律で決められていて、そのとおりにしないとその部分が無効になることがあるからだ。以下のようにやり方は複雑だし、訂正した部分の見栄えもよくないので、訂正が数か所にわたるときは全面的に書き直したほうがいいだろう。

〔訂正の手順〕
①訂正したい文字を二重線で消して、その脇に訂正後の文字を書く
②訂正した箇所に、印鑑を押す（署名のところに押したのと同じ印鑑が望ましい）
③遺言書の余白に、どの部分をどう訂正したのかを付記して（例：七行目第三字目を六に変更

する）、そこに署名する

▼遺言書の内容の変更や撤回をする方法

●前の遺言と矛盾した遺言をする
遺言書を撤回するための方法は、いくつかある。一つは、あらたに遺言書をつくり直すことだ。法律上は、日付の新しい遺言書の中に以前の遺言書と矛盾する内容があれば、前の遺言書のその部分は変更または撤回されたと解釈される。たとえば、前の遺言書では「不動産を配偶者に相続させる」となっていたのを、あとの遺言書で「友人に遺贈する」とすれば、前の遺言書の「配偶者に相続させる」の部分は効力がなくなる。もし、前の遺言書の内容をすべて撤回したい場合は、新しい遺言書の中でそのように書けばいい。

なお、この際に遺言書の形式の違いは問わない。前の公正証書遺言の内容を、新たに自筆証書遺言で変更または撤回することもできる。

複数の遺言書がある場合は、原則としてあとの日付のものが有効になるが、内容が矛盾していない部分については前の遺言書にも効力がある。たとえば、前の遺言書では不動産について遺言し、あとの遺言書で預貯金について遺言した場合、どちらの内容も矛盾しないので両方とも有効になる。

●遺言書を破り捨てる

遺言書を書き換えるのではなく、遺言書そのものを破ったり燃やしたりして、なかったことにすることもできる。自筆証書遺言は、原本が一通しかないのでそれでかまわない。

しかし公正証書遺言の場合は、原本が公証役場にのこっているので、手元にある正本や謄本を破り捨ててもそれだけでは撤回したことにならない。その場合はあらたに遺言書を作成して、その中で「前の遺言書の内容をすべて撤回する」ということを記載する必要がある。

●遺言内容と矛盾した行動をする

遺言書をつくり直すのは面倒だとか、事情によって新しい遺言書をつくれない場合は、行動で示す方法もある。生きているうちに遺言書の内容と矛盾する行動をとれば、その部分について遺言が撤回されたことになる。「預貯金を配偶者に相続させる」という内容の遺言書を作成したとしても、その預貯金をすべて使ってしまえば、もはやその遺言は実現不可能になる。

ただし、相続人が混乱しトラブルになりやすいので、あまりおすすめできない。

■遺言書の保管方法

遺言書をつくったら、どこに保管するかが問題になる。自筆証書遺言の場合は特にこの点に注意してほしい。前にも述べたが、机の引き出しに入れたり本のあいだにはさんでおくと紛失する危険があるし、仏壇など人目に触れやすいところに置いておくと、家族にみられて困ったことになるかもしれない。かといって銀行の貸金庫に預けると、遺言書が発見されるまでに時間がかかることがある。どうしても置き場所がないときは、信頼できる友人や弁護士などの第三者に預けるのも一つの方法だ。

遺言書を手元で保管する場合は、遺言書をつくるのに使った書類（戸籍謄本や不動産の登記簿謄本など）や、生命保険の証書などを一緒に文書保管箱に入れておくと、後日、遺族が相続手続をする際に役立つだろう。

■誰に相談すればいい？　専門家の選び方

遺言書の作成は簡単そうにみえて意外と難しい。問題のないきちんとした遺言書をつくりたいなら、素人判断ではなく、専門家のアドバイスを受けたほうが安心できる。

遺言書や相続についての専門家はたくさんいるので、自分が相談したい内容（遺言書の文面をチェックしてもらうだけか、証人になってもらうなど手続のサポートを依頼するのかなど）や費用を総合的に考えて、最適な相手を選ぶようにしたい。

▼公証人

すでに公正証書遺言をつくろうと決意して、遺言の内容まで具体的に決めているのなら、いますぐ近くの公証役場に足を運んで公証人に相談しよう。遺言書の作成に必要な書類やくわしい手順を教えてくれる。

公証人は、もともと裁判官や検察官、弁護士などをしていた法律の専門家だ。法務大臣に任命された公務員でもあり、自営業者でもある。遺言や相続についてわからないことがあれば、遠慮しないで聞くといい。相談は無料だが、多忙なので、なるべく遺言書をつくることを決めてから具体的な相談で訪ねるようにしたい。

なお、公証人はあくまでも書類を作成するのが主な仕事なので、原則として添付書類（戸籍謄本や不動産の登記簿謄本など）を集めてもらったり、遺言執行者を引き受けてもらったりすることはできない。

▼弁護士

遺言書というと、弁護士を思い浮かべる人も多いだろう。もし遺言の内容に法的な問題があったり、将来なんらかのトラブルが予想されるのなら、事前に対策をたてるために弁護士に相談するといいだろう。

ただ料金が一般的に高めなので、はたして弁護士に頼む必要があるのかどうか、費用対効果を考えてから依頼したい。いまのところ家族関係に問題がなく、配偶者や子どもに財産を相続させるといった一般的なケースなら、法律的な問題が生じる可能性は低いだろう。

また、弁護士の中には企業法務が専門だったり、飛び込みの依頼を積極的に受け付けていない人もいるので、事前に確認したほうがいい。各地の弁護士会が開いている相談会に参加して、そこで信頼できそうな弁護士を探すという方法もある。

▼行政書士

行政書士は会社設立や自動車登録の専門家というイメージがあるが、実は遺言書の作成や相続手続もメイン業務の一つだ。遺言書の内容について相談したり、添付書類の収集、証人の引き受けなど、遺言書をつくるためのサポート全般を依頼できる。財産管理等の委任契約や任意後見契約などの「生前三点セット」についても相談可能だ。

行政書士は予防法務が専門で、法的なトラブルを扱えないので、遺言の内容に法的な問題がない場合や、弁護士を頼むほどではない場合に向いている。必要に応じて弁護士や税理士、司法書士などを紹介してもらえるので、とりあえず最初の相談窓口として利用するのにもいい。

▼司法書士

司法書士は、法人登記や不動産登記の専門家だ。不動産をたくさん所有している人や、遺言をする前に不動産の権利関係を整理しておきたい人に向いている。不動産の相続手続だけでなく、遺言書の作成サポートを依頼することもできる。

また、現在、全国各地にある司法書士会では「成年後見制度」（二〇八ページ参照）の推進に力を入れているので、「この制度を利用したいが、適当な後見人が思いあたらない」という場合にも相談できる。

▼税理士

「相続→相続税→それなら税理士」と連想するかもしれないが、実は相続業務が得意な税理士は少ない。相続税が発生するケースは年間死亡者の約四〜五％にすぎないし、相続税の申告には独自のノウハウが必要なので、手がける人はかぎられている。また、税理士の仕事は税金の申告がメインなので、遺言書の作成までサポートすることはあまりない。どちらかというと、遺言書そのものについて相談するというよりは、遺言書の作成と生前贈与を組み合わせたり、近い将来相続税が発生しそうなときに事前に相談する、というスタンスで活用するといいだろう。

▼信託銀行

信託銀行では、遺言書の作成や保管、遺言執行などをサポートする「遺言信託」という業務を行っている。通常、このサービスを利用するにあたっては数千万円の財産が必要とされている。ある程度の財産があり、遺言書の作成から将来の遺言執行までをトータルに依頼したい人に向いている。遺言信託を依頼する際には、次の点に注意しよう。

●遺言書の内容は、主に財産に関することにかぎられる。子どもの認知や相続人の廃除など身分に関するものは、原則として引き受けてもらえない。
●家族以外の第三者に全財産をあげるといった、将来トラブルが発生しそうな内容については引き受けてもらえないことがある。
●将来相続が発生したとき、遺言執行の手数料として遺産の額に応じた料金がかかる（最低一〇〇万円程度）。その信託銀行に預けている財産の相続手続については、手数料を安くしてくれることもある。

また、次のような人にとっては、信託銀行を利用する意義が大きいだろう。
●遺産を寄付したり、財団法人を設立したい人
まとまった財産があり、自分の死後、公共の福祉のために役立てたいと思っているのなら、信託銀行を通じて、奨学金や育英資金、研究資金として公共団体に寄付することを考えてはどうだろう。それ以外にも、独自の財団法人を設立したり、公益信託を設定することも可能だ。

●家族に重度の障害者がいる人

遺言によって財産を一度に相続させるのではなく、長期にわたって一定の額を特定の人に給付してもらう「特定贈与信託」という方法がある。あらかじめ信託銀行にまとまった金額を預けておいて、扶養者（親など）が死亡したあとも、それを財源として、希望額を受益者（この場合は障害のある家族）に定期的に給付してもらえるのだ。この制度を利用すると、生活や療養に必要なお金を定期的に給付できるだけでなく、六〇〇〇万円までの贈与が非課税になる。

第五章　生前三点セットで老後をまもる

——寝たきり・ボケ・尊厳死に備えよう

■「こんなはずじゃなかった」という目にあわないために

これまで遺言書の利点についていろいろと述べたが、遺言書というのは自分が死んだあと、家族が困らないようにつくるものだ。遺言書がその効力を発揮するとき、あなたはもういないし、その結果を見届けることもできない。

もちろん、死後の備えは重要だし、できるかぎり遺言書をつくったほうがいい。しかし、それだけでは死ぬ以前の備え、つまり「老後の安心」を確保できないことも事実である。老後を安心してすごすためには、遺言書以外の手立ても講じておかなければならない。

もしあなたが将来、次のような状態になったら、自分をまもるすべがあるだろうか。

- 高齢や病気のため、寝たきり状態になる
- 認知症などが原因で、家族の顔さえわからなくなる
- 事故や病気により、長期間にわたり植物状態や脳死状態になる

私自身にとっては、死後のことよりも、こうなることのほうが心配だ。

また自分がそんな状態になったときに、家族やまわりの人が自分に対してどのような態度をとるのかも気になるところだ。もし自分が想像しているような十分な介護をしてくれなかったら？　本当は自宅でケアしてほしいのに、自宅から遠く離れた施設に入ることになってしまったら？　そもそも、そのようなとき誰が私の世話をしてくれるのか。

あるいは、判断能力の低下をいいことに誰かに財産をとられたり、悪質な業者にだまされてしまったら？　そう考えると、ますます不安になってくる。

年をとって心身がおとろえることは避けられないにしても、そこから生じるトラブルに自分や家族が巻き込まれることはできるだけ避けたいし、それを避ける方法があるのならいまのうちに準備しておきたい。そう考えるのは自然なことだろう。この章は、そのために考えられるいくつかの方法について解説したい。

だがその前に、そのような事態に対してなんの備えもしていなかったケースを紹介して、事前に対処することの大切さを実感していただければと思う。

▼ケース1　夫の入院中に、息子に財産を食いつぶされそうな夫婦

七〇歳をすぎても元気いっぱいで、趣味のゴルフに熱中していた男性が、ある日脳梗塞で倒

れて救急車で病院に運ばれた。男性は、妻の手厚い看護のかいもあり数か月後には回復したが、重度の半身まひがのこってしまった。

妻は夫の回復を喜んだが、一方で夫にはいえない心配事を抱えることになった。妻は足が不自由なため、同居していた長男に預金を引き出して入院費を払うように頼んだのだが、その後、長男が勝手に預金を引き出してしまい、残高がほとんどないことがわかったのだ。そのうえ自宅の権利証まで持ち出して、どうやら自宅を担保に金を借りようと画策しているらしい。

妻は「こんなことなら長男ではなく、隣町に住んでいる長女に預金の引き出しを頼めばよかった」と後悔している。このままでは財産が食いつぶされてしまうと、不安でいっぱいだ。

▼ケース2　悪質なリフォーム業者のえじきになった母親

東京都在住の四〇代の女性は、三か月に一度、故郷に住んでいる母親のもとを訪ねている。先日、久しぶりに実家に帰ったところ、いつもと家の様子が違うことに気がつき、母親に問いただした。

「このあいだうちを訪ねてきた人が、家が古くなってこのままじゃ大変なことになるっていうから、リフォームをお願いしたの」

「ふうん、で、いくら払ったの？」

「さあ、一〇〇万円か二〇〇万円か……」

「二〇〇万円！　そんなにするわけないでしょう」

彼女があわてて母親の預金通帳を確認すると、半年前は六〇〇万円ほどあった残高が、すでに十数万円しかなくなっていた。

あらためて家の中をチェックすると、床下には除湿剤とおぼしき白い粉がまき散らされ、多数の換気扇が設置されて、天井裏にはわけのわからない装置がいくつも取りつけられていた。

彼女が憤然として業者に電話すると、「あんたのお母さんが、自分から工事をお願いしますっていったんだよ。もう工事は終わっているから、お金は返せないよ」と、切られてしまった。

「私がもっと頻繁にお母さんの様子をみていたら、こんなことにならなかったのに。様子がおかしいとわかっていたら、通帳やキャッシュカードを預かっていたのに……」。彼女は、がっくりと肩を落とした。

▼ケース3　きょうだいに「財産を使い込んでいる」と陰口をたたかれた次女

ある高齢の女性は、自分では銀行に行くのがおっくうになってきたので、同居している次女夫婦に年金の引き出しや生活費の支払いなどを管理してもらっている。

あるとき、その女性は階段で転んで足を骨折したため、次女夫婦は一戸建ての自宅を介護しやすいようにリフォームすることにした。女性はその費用を援助するために、夫がのこした小さな土地を次女に売ってもらった。

しばらくたったある日、次女は法事のために親戚の家に行った。予定時間よりも遅れて到着したとき、兄と姉がひそひそしゃべっている声を偶然耳にして愕然《がくぜん》とした。

「あいつ、お母さんが最近ボケてきたのをいいことに、勝手にお父さんの土地を売って自宅をリフォームしたらしいぞ」

「それに、お母さんの年金を勝手に使っているみたいだし、このままじゃお母さんがかわいそう。なんとかしてあげなくちゃ」

次女は悔し涙をこらえて、親戚の家をあとにした。「お母さんが私に頼んだのに。それをみんなに証明できる方法があればこんな思いをせずにすんだのに」と、母親に腹立たしささえ感じていた。

▼ケース4　認知症になっても希望どおりの介護を受けられない男性

七〇代の男性は妻を亡くしたあと、長男夫婦と同居していたが、数年前に認知症と診断された。当初は献身的に面倒をみていた嫁も、症状が進行するにつれ疲れてしまい、いまでは男性にオムツをつけて、徘徊防止のために寝室の柱と体をひもでつなぎ、外に出られないようにしている。長男も面倒がって何もしようとしない。本音としては「どうせ父親はもう長くないんだから、なるべく手間とお金をかけずに（財産を減らさずに）死んでほしい」と思っているようだ。

その男性は以前「もし自分がボケてしまったら、近所に新しくできた介護施設に入居したい」と周囲に話していた。しかし、息子の顔さえわからなくなったいまでは、そんな希望を抱いていたことさえ思い出せず、残念ながらその願いはかなえられないまま終わりそうだ。

▼ケース5　絶対にいやだった延命治療を受けることになった男性

五〇代の男性は常々、「自分がもし事故や病気で助かる見込みがなくなったら、ただ命を長らえるだけの治療はしないでくれ」と家族に話していた。かつて、自分の父親が事故でそのような状態になったとき、体に何本ものチューブを差し込まれている様子をみて、「あんな状態になってまで生きたくない」と強く思ったからだ。また、その後の長期にわたる父親の入院生活で、家族がかなりの精神的、経済的負担を負ったことから、自分は将来、家族にそんな大変な思いをさせたくないと考えていた。

しかし、そんな思いとは裏腹に、男性は結局父親と同じ運命をたどることになった。あるとき、男性は夜中にトイレで倒れて意識を失い、救急車で病院に運ばれた。脳内出血によるものだった。発見が遅かったために男性は重体になり、医師は、「意識が回復する見込みはほとんどありません。遅かれ早かれ、人工呼吸器や心臓ショックなどをほどこすことになるでしょう。その際に、ご家族としては、そのような延命治療を希望しますか」と、男性の家族に聞いた。

男性の家族は、日頃から彼が延命治療をいやがっていることを知っていたので医師にそう告げたが、医師から「本当にそれでいいんですか？」と何度も念を押されて不安になり、やっぱりできるかぎり生かしてほしいと延命治療に同意してしまった。その後男性は、意識を回復することなく、数か月後に亡くなった。

■自分のことは自分で決める、という強い意思をもつ

これらのケースを読んで、あなたはどのように感じただろう。まだ若くてピンとこない人や、

自分はそんなことにならないから大丈夫、と思った人もいるかもしれない。しかし、このような事態は決して他人事ではなく、年齢をかさねれば誰でも直面しうることだ。あるいは、不慮の事故で若くしてそのような状況になる可能性もある。

「そのときになったら、なんとかなるさ」と思っているのだろうが、そう楽観する根拠はどこにあるのだろう？　実際なんの手も打たないでいると、これらのケースのようになる可能性が高いのではないか。万一のときに、まわりが自分の思惑どおりにしてくれるとはかぎらないし、たとえ日頃から家族に「こうしてほしい」と希望を伝えていても、家族があなたの意思どおりに実行してくれるという保証はないのだ。

自分の老後は、年金や財産をうまく使って自分の望むように生活する――当たり前のことのようだが、もし心身が不自由になったら、それは当たり前のことではなくなってしまう。

たとえ体が不自由になっても、判断能力が低下してしまっても、自分と自分の財産をまもりたいなら、いまのうちに「自分のことは自分で決める」という強い意思をもたなければならない。そして、自分の考えや希望について、意思表示ができるうちに形にしておくことが重要だ。

■晩年を快適にすごすための「生前三点セット」

残念ながら不本意な状態になってしまったときでも、自分が希望する看病や介護を受け、財産をまもり、納得のいく死に方をするためには、事前に自分の意思を外部に客観的に表すための書類をつくっておく必要がある。

だが、自分で勝手に日記や手紙に書いたりしても、実現される可能性は低い。それが本当にあなた自身があなたの意思で書いたものかどうかわからないからだ。家族にはわかるとしても、それを医師や金融機関などの第三者に証明するのは難しいし、彼らも責任上あいまいな資料や言葉をもとに延命治療の停止やお金の払い出しなどを認めることは到底できないはずだ。これまで、遺言を実現させるためには、なるべく自筆証書ではなく公正証書にすべきだと説明してきたが、生きているうちの問題を解決する際にも自筆ではなくきちんとした公正証書にするのが望ましい。

自分の意思を客観的に証明する方法として、公正証書は最適な方法だと思われる。公正証書は公文書であり証拠能力が高いので、もし訴訟になった場合でも本人の意思であることを立証しやすいし、公証役場は全国に約三〇〇か所もあるので利用しやすく、費用もさほどかからない。また、法律の専門家（公証人）が無料で相談にのってくれるという点でも、一般人にとって便利な場所といえる。

老後をまもるために役立つものとして、
●財産管理等の委任契約書
●任意後見契約書
●尊厳死の宣言書
があり、いずれも公正証書でなければならないか、公正証書であることが望ましいものである。プロローグで触れたように、この三つの書類は「生前三点セット」としてまとめて考えておきたい。また、これらを公正証書として作成するには準備すべき書類に共通するものが多いので、一緒に作成すれば手間がかからない。

生前三点セットがあれば、将来のさまざまな状況に一応の対処ができるといっていいだろう。二〇〇ページの図表をみてほしい。人生のステージを時系列で表し、どのようなときにどの書類が役立つのかを示している。

それでは、「生前三点セット」について説明しよう。

【各書類の関係（時系列）】

現在
この時点で、以下の4つの公正証書（公正証書遺言・財産管理等の委任契約書・任意後見契約書・尊厳死の宣言書）を作成する

▼

①身体能力がおとろえる
財産管理等の委任契約書で、信頼できる人に財産管理や療養看護※をまかせる

▼

②判断能力がおとろえる
任意後見契約書で、信頼できる人に財産管理や療養看護をまかせる

▼

③事故や病気で死が避けられない末期状態になる
尊厳死の宣言書で、無用な延命治療を拒否する

▼

④死亡する
遺言書により、遺産相続手続が行われる

※医療や介護に関する契約や事務手続を本人にかわって行うことをいう

I　財産管理等の委任契約書

■信頼できる人に財産管理や入院手続などを代行してもらう

買いものをしたり銀行でお金をおろしたりといった日常的な事務手続を自分自身で行うことに、なんの不自由も感じないうちはいい。しかし、年をかさねるとどうしても足腰が弱ってくるし、目もみえづらくなる。もしかすると将来、脳梗塞などで倒れて半身まひになったり、手が震えて文字が書けなくなるなど、体が不自由になる可能性もある。

もしそうなれば、生活費を引き出しに金融機関に行くことさえままならなくなる。病気で入院しても、自分では入院費の支払いもできないし、入院中に光熱費などの支払いがとどこおり、電気や水道、電話などを止められてしまうかもしれない。また、自宅を売却して介護施設の入居費用にあてようと思っても、自分ではその手続をする体力、気力がないかもしれない。事務的な手続を自分でこなせなくなったら、日常生活は不自由きわまりないだろう。

「家族にかわりにやってもらえばいいじゃないか」と思うかもしれないが、日常的な買いものならそれでもいい。しかし、最近では金融機関での本人確認が徹底されるようになり、本人以外が手続しようとしても断られることがある。二〇〇七年一月からは法令改正で、金融機関のATMでは一〇万円を超える現金での振込ができなくなり、窓口で本人確認されたうえで振り込むようになった。またATMでお金を出し入れする際に、指紋などの生体認証で本人確認をするキャッシュカードの場合は、どうしても本人がその場に行かなくてはならない（代理人カードを発行する銀行もあるが）。金融機関では家族でさえ本人のかわりをするわけにいかないケースが増えてきているのだ。

もちろん、家族が本人から委任状をもらえば窓口で手続をすることは可能だろうが、本人が寝たきり状態だったり体が不自由で文字が書けないような場合は、それも難しい。また、一度や二度の手続ならともかく、頻繁に行う事務処理だったりすると、いちいち委任状をもらうのは煩雑で、現実問題としてやっていられないだろう。

このような場合に役立つのが「財産管理等の委任契約書」である。財産管理や日常的な事務手続をかわりにやってもらえるように、家族や信頼できる第三者と包括的な契約を結んでおくというものだ。この契約書があれば、原則としていちいち委任者（本人）が委任状を渡さなくても、受任者（契約を結んだ相手）が手続を代行できるようになる。

「家族に頼むのに、契約書をつくるなんておおげさな」という人もいるかもしれないが、契約書によって客観的に委任関係をはっきりさせることは、手続のために必要なだけでなく、大切な家族のためでもある。金銭のからむ用事をただの口約束で誰かに頼むと、前述のケース3のように周囲から「子どもが勝手に親の財産を使い込んでいる」といった誤解を与えることがある。そうなるとお互いいやな思いをするし、それが原因で、将来、相続が発生したときに相続人同士が遺産分割協議でもめる可能性もある。委任者の意思でそうしていることを示す契約書があれば、受任者は周囲に気がねなく堂々と委任者の財産を管理できるし、委任者も遠慮なく受任者に用事を頼めるようになるのではないだろうか。

この契約書は公正証書でなくてもよいのだが、公正証書にしておいたほうがトラブルになったときに解決しやすいという利点がある。また、あとで説明する「任意後見契約書」とセットでつくれば、より安心だ。

■誰と委任契約を結ぶか

財産管理等の委任契約を結ぶ相手は、内容が内容なだけに、よほど信用のおける人でなければ難しいだろう。すでに家族に預貯金の引き出しなど日常的な事務処理を頼んでいるのなら、その家族に受任者になってもらうのがいちばんいい。

また、委任する相手は家族にかぎらず、信頼できる第三者でもかまわない。たとえば、一人暮らしの高齢者なら、身のまわりの世話をしてくれている知人などに依頼したり、適当な人がいなければ、第三者の専門家（弁護士、司法書士、社会福祉士など）に依頼することも考えられる。

■何を委任するのか

委任契約の内容として、次のようなことが考えられる。
●預貯金や不動産などの財産管理（所有するアパートの家賃回収や、不動産の売却など）
●生活費、療養費、介護費用などのための金銭の引き出し
●ヘルパーとの契約、福祉関係施設・病院への入退院手続、介護保険の手続など
具体的にどのような事項を委任すればいいのか迷うかもしれないが、公証役場へ行くと、一

般的な委任内容を盛り込んだ契約書の見本があるので、それを参考に不要な項目を削除し、必要な項目を付け足すようにすればよい。

この契約の受任者は、契約の範囲内で委任者の財産を管理したり、介護や医療の手続を行うことになる。もちろん、包括的な財産管理等の委任契約を結んだからといって、受任者が好き勝手に委任者の財産を使えるわけではない。事務手続をする必要があるときは、必ず委任者が受任者に指示を出して、受任者がそれに従う形になる。手続のつど、受任者はその結果を委任者に報告する義務がある。

■報酬はいくらにするか

このような契約を結ぶ場合は、月ぎめでいくらという形で受任者に報酬を支払うのが一般的だ。受任者との関係や委任している事務手続の内容や量、頻度にもよるが、月額一万円から三万円程度を目安に考えるといいだろう。

受任者が家族ならば、わざわざお金を払うこともないと考えがちだが、日常的な事務処理を頻繁に頼んだり、時間と手間がかかるようなら（たとえば、アパートの家賃を毎月入居者から回収するなど）、報酬を支払うようにしたほうがお互い負担にならないはずだ。報酬を支払わない場合は、遺言書をつくる際に、ほかの家族よりも多めに財産を相続させるなどの配慮をしてはどうだろう。

■契約書をつくるタイミングは？

どうも最近足腰が弱ってきたり外出するのがおっくうになってきたと自覚したら、そろそろ財産管理を誰かに頼む頃合いかもしれない。特に、これから病気で入院するとか手術をする予定がある人は、その前に委任契約をすませておくと安心だ。

まだ体はピンピンしていて、自分でなんでもできるという人でも、いまのうちに契約書だけつくっておいて、将来体の調子が悪くなったら契約をスタートさせるというように、文面で指定することもできる（その際は、当然受任者の了解を事前に得ることが必要だ）。いざ必要に迫られて契約書をつくろうとしても、そのときの状態によってはそれが不可能なことも考えられるので、ある程度の年齢になったら準備しておくに越したことはない。

Ⅱ　任意後見契約書

■判断能力のあるうちに、世話をしてもらう相手を決めておく

財産管理等の委任契約書は体が不自由になったときのものだが、任意後見契約書は病気や精神障害などで、判断能力が低下したときのためのものである。

判断能力がおぼつかなくなった場合も、同様に日常的な取引や契約ができなくなり生活にさまざまな支障が生じてくる。たとえば銀行で生活費を引き出す必要があっても、銀行に行くどころかその判断すらできない（財産管理等の委任契約では、委任者自身が「銀行に行くべきだ」という判断ができる点が異なる）。また、客観的にみれば病院や介護施設に入所したほうがいい場合でも、自分ではその判断も手続もできないし、介護保険の手続やヘルパーを頼むことさえできない。結果として、適切な治療や介護が受けられなかったり、生活がたちゆかなくなったり、悪徳商法のターゲットになるなどして財産を失う危険がある。

このように判断能力が低下している人をまもるための制度として、「成年後見制度」がある。これは、後見人が本人のかわりに金融機関との取引や病院での手続を行うなど、日常のさまざまな場面においてサポートしてくれるというものだ。

この成年後見制度には、「法定後見制度」と「任意後見制度」の二種類がある。法定後見制度は、すでに判断能力が低下した人のためのもので、家族などが家庭裁判所に申し立てをして適切な後見人をつけてもらう。これに対して、任意後見制度は本人がまだ判断能力があるうちに、「将来もし判断能力が低下したら、この人を後見人にしてほしい」と指定して、その人とあらかじめ契約を結んでおくものだ。

つまり法定後見制度は、本人に判断能力がなくなってから周囲の人が後見人を決めるが、任意後見制度は、本人が元気なうちに自分自身で選んだ人を後見人に指名できるという違いがある。また、後者は具体的にどんなことをしてほしいかということを事前に決めることもできる。

法定後見制度では、自分が本当は世話を受けたくない相手から不本意なやり方で介護などをされる可能性がある。任意後見制度ならその心配はほとんどない。つまり、自分があらかじめ決めておいたとおりに、信頼できる人から世話を受けることができるというわけだ。

■任意後見契約の内容は？

誰にどんな内容を頼むのか、報酬はどうするのか、などは基本的に財産管理等の委任契約の場合と同じように考えていい。契約書の見本は、公証役場に用意してある。家族など信頼できる第三者など、後見人になってほしい人に対して、財産管理や介護・医療、生活面の事務手続などのうち、何を自分のかわりにやってほしいのかを決めて、契約書に盛り込もう。

■任意後見契約は、いつスタートするのか

この契約は通常、契約書をつくったからといってすぐにスタートするわけではない。本人の判断能力の低下がないかぎり発効しないので、場合によっては一生、契約の効果が生じないこともある。

もちろん、それがいちばん望ましいのだが、残念ながら委任者本人に判断能力の低下がある程度認められたときは、本人や家族、受任者などが家庭裁判所に対して、「任意後見監督人」の選任を申し立てる。任意後見監督人が選任された時点から、事前に結んでおいた任意後見契約が効力を発して、任意後見人が仕事を開始することになる。

任意後見監督人とは、委任者が頼んだ任意後見人が契約したことをきちんと実行しているか

チェックしたり、任意後見人に契約を果たすためのアドバイスを与えたりする人のことだ。家庭裁判所がさまざまな事情を考慮して任意後見監督人を決めることになるが、弁護士や司法書士がなることが多いようだ。

■「移行型」なら万全の対策がたてられる

任意後見契約には、次のような三つのタイプがあるが、二番目の「移行型」がいちばん望ましい。体がおとろえたときと判断能力がおとろえたときの両方にスムースに対応できるからだ。
●将来型
任意後見契約だけを結ぶ方法。将来、委任者の判断能力が著しく低下した時点で、委任者や家族、受任者などが任意後見監督人の選任を家庭裁判所に申し立てる。選任には数か月程度かかるので、そのあいだは委任者が任意後見人による保護を受けられないという問題がある。
●移行型
財産管理等の委任契約と任意後見契約を同時に結ぶ方法。後者が効力を発するまで、前者が効力をもち続ける。つまり、いろいろな判断が自分でできているうちは財産管理等の委任契約で対応するが、判断能力が低下するとそれでは対応できなくなるので、（判断能力の低下がみられ、申し立てにより任意後見監督人が選定された時点で）任意後見契約に移行するというものだ。これなら、任意後見監督人が選任されるまでの数か月間、委任者が支援を受けられないという事態を避けられる。

●即効型

すでに判断能力がかなりおとろえている人が、一時的に判断能力が回復したと認められるときに任意後見契約を結び、すぐに契約の効力を発生させる方法。ただし、委任者の判断能力をめぐって、あとでトラブルになる可能性があるし、そんな状態で本人に最適な判断ができるのかどうかも疑問なのでおすすめできない。

財産管理等の委任契約と違い、任意後見契約は必ず公正証書で結ばなければならない。公証役場で「移行型でお願いします」といえば、二つの契約書を一通の公正証書にしてくれる。
この任意後見制度は二〇〇〇年からスタートした比較的新しい制度だ。昔の「禁治産者制度」と違って、制度の利用者であることが戸籍に記載されることはないが、法務局に契約内容などが登記される。

■任意後見人に何を頼むか

財産管理等の委任契約の受任者と同様に、任意後見人は委任者のかわりに財産管理や医療関係の手続を行う。預金通帳やカードなどを預かることで、委任者がそれらを紛失したり悪徳商法にひっかかったりすることも防ぐこともできる。

財産管理等の委任契約と違うのは、受任者の仕事ぶりをチェックする任意後見監督人がいることだ。任意後見監督人は、任意後見人が財産を勝手に使い込んだりしないように、事務処理の内容について適時に報告を受けることになっている。委任者の立場からみれば、利害関係のない第三者がきちんとチェックしてくれるので安心感がある。

ないだろう。

Ⅲ　尊厳死の宣言書

■尊厳死の現状

将来、自分が事故や病気で回復の見込みのない状態になったら、薬で痛みをやわらげる治療にとどめ、延命治療をすることなく安らかに死なせてほしい――。そう考えている人は少なくないだろう。

しかし実際にそのような状態になったときに、希望がかなえられるかといえば難しいといわざるをえない。植物状態や脳死状態になれば、本人はもう意思表示できないし、かわりに家族が本人は尊厳死を望んでいたと医師に伝えても、拒否される可能性が高いからだ。ここ数年、医師が患者の延命治療を中止したことで裁判に発展するケースが相次いでおり、医師の多くは法的責任を問われることをおそれて尊厳死の容認にふみきれないと思われる。

現在日本には尊厳死に関する法律がなく、どのような場合に延命治療の中止が認められるのかという基準がはっきりしない。医師が患者やその家族から、延命治療をやめてくれと頼まれてそのとおりにしたら、あとで刑事、民事責任を問われる可能性があるのだから、積極的に延命治療を停止する医師などいるわけがない。

参考までに、尊厳死と似た言葉に「安楽死」がある。明確に定義するのは難しい部分もあるが、判例では次のような見解が示されている。

まず、安楽死は次の三つにわけられる。

①消極的安楽死……延命治療を中止して死期を早めるもの
②間接的安楽死……苦痛を除去・緩和するための措置を取るが、それが同時に死期を早める可能性があるもの
③積極的安楽死……苦痛から免れさせるため意図的積極的に死を招く措置を取るもの

①と②については、一般的に「尊厳死」といわれているものにあたる。判例では、患者の自己決定権（意味のない治療を打ち切って人間としての尊厳性を保って自然な死を迎えたいという思い）をもとに、許容されるとしている。

③については、これまで合法であると認められた判例はない。医師が患者に薬物を投与するなどして積極的に死期を早めるといったやり方は、人々にとって心理的抵抗が大きく、発覚したときは通常、刑事事件として扱われることになる。家族の要請を受けた医師が末期のがん患者を安楽死させた一九九一年の「東海大安楽死事件」では、医師が殺人罪に問われた。
しかし、実際の医療現場ではこの三つの状態を明確に区別するのが難しいことがある。たとえば、人工呼吸器を取り外すとすぐに患者が死亡してしまう場合や、苦痛を取り除くために薬の使用量が徐々に増えて最後に致死量を超えてしまうような場合は、①から③のどれにあたるのか判断しにくい。そのために、患者があらかじめ延命治療を拒否する意思を示していても、医師が罪に問われることをおそれて希望が受け入れられないことになりがちだ。尊厳死の実現には、今後の法整備が欠かせないといえるだろう。

なお、判例は治療行為の中止が認められる要件として次のものをあげている。

- 患者が治療不可能な病気におかされ、回復の見込みがなく死が避けられない末期状態にあること
- 治療行為の中止を求める患者の意思表示が中止を行う時点で存在すること。もし存在しない

ときは推定的意思によってもいいが、患者自身の事前の意思表示があれば、推定的意思を認定する有力な証拠となる
●患者自身の事前の意思表示がないときは、家族の意思表示から患者の意思を推定することが許されるが、そのためには家族が患者の意思を的確に推定できる立場にあって、患者の病状や治療内容などについて正確な認識をもっていることが必要であり、医師の側でも、患者や家族をよく認識し理解する的確な立場であることが必要である
（横浜地裁一九九五年三月二八日判決。別冊ジュリスト「刑法判例百選I　第5版」より）

■尊厳死を望むなら、きちんとした書類が必要

あなたが、どうしても尊厳死を希望するというのなら、みずからの意思を表明するきちんとした客観的な書類をつくり、いざそのときになったら家族が医師にそれをみせて、延命治療の中止を求めるしかないだろう。医師はその書面に基づいて病院の倫理委員会や医療チームなどにはかり、了承を得られれば延命治療を打ち切ることができると考えられる。こうすれば、万一あとで問題になったとしても医師が責任を問われる可能性が低い。

日本尊厳死協会が二〇〇六年に行ったアンケート調査（回答数七一二件）では、同協会が保

管している「リビング・ウイル」（書面による生前の意思表示）を提示した場合、九五・七％の医師がこれを受け入れたという結果が出たそうだ。

リビング・ウイルは、一般的には形式は自由で誰でもつくることができるものだが、日本尊厳死協会では独自の「尊厳死の宣言書」を用意している。尊厳死協会は会員に対し、延命治療拒否の意思表示として、この「尊厳死の宣告書」の作成を推奨しており、小泉純一郎氏も会員になったということで話題をよんだ。

もし自分でリビング・ウイルを作成する場合には、末期状態になったら延命治療を中止し、生命維持装置を取り外してほしいといった内容の文書をつくり、それを家族などまわりの人に渡しておくといい。

そうはいっても自分で適当に書いた文書だと、本当に本人が書いたのか、その内容が真意なのかといったことが問題になることもあるだろう。もしかすると、早くその人に死んでほしい関係者が勝手にねつ造したと疑われるかもしれない。また文書の内容が不完全で、希望がかなえられない可能性もある。

そこで、自分の意思を明確にし、あとで問題になりにくい文書を作成するために公正証書を利用することが考えられる。

■尊厳死を望む理由を明確にする

尊厳死の宣言書をつくるポイントは次のとおりだ。

- 延命治療を拒否し、尊厳死を希望するという意思表明
- なぜそのような希望を抱くにいたったかという理由
- 尊厳死について家族も同意しているという事実
- 医師に対して、刑事、民事責任を負わせないでほしいという希望
- 本人による撤回がないかぎり、宣言書の内容は効力をもっていることの明示

特に、尊厳死を希望する理由をなるべく具体的にあげることで、医師や第三者などへの説得力が増す。たとえば、親族が末期がんで延命治療をほどこされた様子をみて、自分はこのような状態になりたくないと思ったというようなことだ。

また、尊厳死を実現するためには家族の同意が必要になるので、宣言書をつくる前に家族と話し合い、同意を得て、それを宣言書の中に記載するようにしよう。

家族の同意については、こんな調査もある。全日本病院協会が外来患者を対象に終末期医療アンケートを行ったところ（四七病院の四二九人からの回答）、高齢で回復の見込みのない患者に人工呼吸器などの蘇生術を行うことについて、自分が患者になった場合「希望する」とした人は、男性一五・二％、女性六・七％であるのに対し、家族が患者になった場合は男性二二・〇％、女性一九・七％が「希望する」と回答した（朝日新聞二〇〇七年三月二五日より）。終末期状態における延命治療に対する意識が自分と家族の場合ではこんなに違うのだ。自分の希望だけではなく、家族の意向も十分尊重するようにしたい。

同意を得る家族の範囲は決められていないが、配偶者、子ども、親きょうだいなどの自分の生死に強い関心をもつ人の同意があることが望ましい。それが難しい場合でも、最低限、自分の相続人にあたる人の同意は得たいものだ。

リビング・ウイルを撤回したいと思うなら、まわりにそれを表明することでいつでも取りやめることができる。ただ、口頭で伝えただけではあとで問題になる可能性もあるので、手書きのメモや書面、できれば公正証書で撤回するのが望ましい。

第四条
この公正証書は、あらかじめ私の家族である、

妻・○○○○（昭和○年○月○日生）
長男・○○○○（昭和○年○月○日生）

の了承を得て作成を依頼し、私に第一条記載の症状が発生した際には、上記の家族と私の担当責任医を含む二人以上の医師とが合意の上、本公正証書に基づき、上記の私の意思が最大限尊重されることを期待いたします。

第五条
警察・検察の関係者におかれては、私の家族や医師が私の意思にそった行動を執ったことにより、これらの者を犯罪捜査や訴追の対象とすることのないよう特にお願いします。
また、これらの者は民事上の責任も免れるものとします。

第六条
上記のような私の希望は、私自身が現在心身ともに健全な状態にあるときにしたものです。したがって、私自身が有効な破棄又は撤回をしない限り、その効力を持続するものであることを明らかにしておきます。

以上

府中公証役場の公証人、林豊氏の提供による

【公正証書による尊厳死の宣言書の文例】

第一条

私○○は、私が将来何らかの病気に罹り、それが不治のものであり、かつ、その病気が原因で死が迫っている場合に備えて、私の家族及び私の医療に携わる方々に、自らの死のあり方について、次のとおり希望を申し述べます。
私の病気が、担当責任医を含む二人以上の医師の客観的・医学的知見によって、不治の状態にあり、かつ死期が迫っていて、延命措置を行うと否とにかかわらず死に至り、その延命措置が単に死の過程を人為的に引き延ばすだけであるとの診断を受けた場合には、苦痛を伴う手術や延命のみを目的とする措置は極力避け、苦痛を和らげる最小限の措置にとどめて、人間としての尊厳を保った安らかな最期、すなわち尊厳死が迎えられるようにご配慮願います。

第二条

私がこのような尊厳死を望む理由は、
一、自己の人生の最期のあり方は自己の意思により決定したいこと
二、実弟が肝臓がんにより入院治療を受けたが、その末期は、意識が全く定かでなく、やせ細り、心臓だけがかろうじて弱々しく動いているだけで、その姿は見るに忍びず、あたかも地獄を見ているかのようであり、身内としては早く楽にしてあげたいと願った切実な体験があったこと
三、そのときの実弟の体は管だらけであり、あえていうならば、現代医学により無理に生かされているといっても過言ではない状態にあったこと
四、そこで、私は、尊厳であるべき人間の最期がこのような姿であってよいはずがないという、怒りに近い感情を覚えたこと
などの事情によるものです。

第三条

最近、医療技術の高度化、専門化に伴い、医療費は際限なく高額化し、患者と家族の経済的負担が深刻な悩みとなっており、私は、この観点からも必要不可欠な医療措置以上のものは望みません。

■「遺言書＋生前三点セット」を一緒につくる

前述したように、これらの書類はすべて公正証書で作成できるし、事前に準備する書類も共通するので、まとめて一緒につくれば手間がかからない。その場合は同じ日に一度に公証役場でつくることになるが、次のような順序にすればスムースにいくだろう。
①遺言書……証人二人が同席するので、まず最初に遺言書作成の手続から行えば証人に時間をあまりとらせずにすむ。
②財産管理等の委任契約書と任意後見契約書……受任者（後見人）が同席する。家族が受任者になるケースが多いと思われるので、その場合は遺言書をつくっているあいだは待たせておいてかまわないだろう。
③尊厳死の宣言書……本人だけでもつくれるが、家族への確認という意味あいも含めて、なるべく家族に同席してもらおう。
最後に、財産三〇〇〇万円、相続人一人、任意後見人一人という場合、これらの公正証書を

つくるのに公証役場に支払う金額は次のとおりだ。
●遺言書　三万七〇〇〇円
●財産管理等の委任契約書と任意後見契約書　三万四〇〇〇円
●尊厳死の宣言書　一万四〇〇〇円
合計金額　八万五〇〇〇円
右の金額は、公証人の手数料のほかに用紙代や法務局の登記費用などは含まれているが、証人への謝礼は含まれていない。金額はケースバイケースなので、あくまでも一つの目安と考えてほしい。

第六章　あの人に遺言書を書いてもらうための方法

■「エンディングノート」だけでは法的な効力がない

ここ数年、自分の人生について記入するための「エンディングノート」が静かなブームになっている。エンディングノートは和製英語で、「人生の終末にあたり、のこされる人に向けたメッセージを記すノート」という意味あいのようだ。

一般的に、前半は自分自身のプロフィールや思い出を、後半は介護、葬儀、財産処分方法に対する希望などを記入するようになっているものが多いようだ。自分史を簡単につくれることや、何かあったときの心配事について家族などまわりの人に要望を伝えられる便利さから、利用者が急増している。おそらく、「遺言書には興味があるけど、敷居が高くて……」と感じている人にとって、ちょうどいいのだろう。

エンディングノートに記入することで現在の財産状態を把握したり、これまでの人生や家族関係を見直して今後の人生の指針づくりに役立てたり、あるいは次世代への贈りものとして、子どもや孫に自分がどのような人生を生きたかを伝えられるというメリットもある。家族にとっても、故人が生前何を考えていたのか、どのような死後の事務処理を望んでいたのかなどを知ることができて、ありがたいはずだ。

このブーム自体はけっこうなことだが、エンディングノートに記入すればそれで安心だという意識があるようにも思われるので、その点は注意してほしい。ここまで読んでこられた読者なら、もうおわかりだろうが、エンディングノートは法律上「遺言書」としての要件をみたさず、法的な効力がないからだ。たとえ「全財産を○○に相続させる」と書いたところで遺族への強制力はないし、そのノートを金融機関に持っていっても、相続手続をすることはできない。また、ノートの内容を第三者が勝手に書き換えたり、本棚の中に埋もれてしまって誰にも発見されないで終わる可能性もある。

エンディングノートを自己満足で終わらせず、効果的に利用するためには、次の点に留意してほしい。

- 遺産のわけ方など、法的効力をもたせたい項目については別途、正式な遺言書をつくる
- 遺言書に書けなかったこまごました項目、たとえば葬儀のやり方、お墓のこと、介護についての希望などを中心に記入する
- 第三者に書き換えられないように、鉛筆ではなくボールペンなどの筆記具を使用する
- ページごとに記入年月日を書く（いつの時点の意思表示かわかるように）

また安全上の問題として、エンディングノートには家族のことや財産の内容などの個人情報が記入されているので、万一盗まれると大変だ。鍵のかかる引き出しや金庫に保管して、不用意に第三者の目にさらさないように気をつけよう。

余談だが、もしあなたの配偶者が、普段から家のことはすべてあなたまかせで預金通帳のありかもわからないというタイプなら、あなたの死後、配偶者が困ることのないように配慮してあげてほしい。エンディングノートに、預金通帳や不動産の権利証や実印などの置き場所、死亡通知の送付リストなどの事務的な細かい事柄について書きのこしてあげれば、配偶者は「さすがしっかり者だな」と、あらためてあなたのありがたみを実感することだろう。

■遺言書の役立つ「使いみち」

遺言書をつくる理由は人さまざまだが、おおかたは自分の死後、家族が財産をめぐって争ったり相続手続で困ったりしないようにしたいというのがその理由だろう。

しかしそれだけではなく、遺言書をつくるのは「自分の願いをかなえるため」であり、「まわりとの関係を良好にするため」でもあると考えれば、遺言書の活用範囲がもっと広がるはずだ。たとえば、次のような活用方法が考えられる。

▼夫婦の記念日のプレゼントに

ある程度年をとったとき、将来を思いやり財産の大半をつれあいに相続させるという遺言をあなたがするとしたら、ただ遺言書をつくるのではなく、相手の誕生日や結婚記念日などのイベントの際に遺言書を贈ってはいかがだろう。相手はきっと喜ぶに違いない。遺言書を渡すということは相手への愛情表現であり、これから死ぬまで一緒にいようという決意表明でもある。二人の絆が強まることは間違いない（仮に、つれあいが離婚を考えていたとしてもそれを思いとどまる可能性もある）。

コスト面でも自筆証書遺言なら費用はタダだし、公正証書遺言の場合でも数万円で一生涯感謝してもらえるプレゼントになるのだから、安いものだ。

ただしつれあいが「これで財産は自分のものだ」と安心して、あなたとの関係をおろそかにしないように、遺言書はいつでも書き換えられることをそれとなく匂わせておいたほうがいいかもしれない。

▼熟年再婚のきっかけに

近年、熟年になってから離婚する人が増えているという。人生は長いので、再び新たなパートナーをみつけてともにすごしたいと考えている人も少なくないだろう。しかし身軽な若い世代と違って、子どもや財産などさまざまなしがらみを抱えた熟年世代が再婚するには、高いハードルがある。せっかく素晴らしい相手にめぐりあえても、子どもたちが財産をとられるのではないかと警戒して、結婚に賛成してくれない可能性があるからだ。周囲とのあつれきを避けるために、入籍しないで内縁関係を選ぶ人もいるかもしれない。

しかし、それでは万一のことがあったときにお互い困ったことになる。そのままではお互いの財産を受け取ることはできないし、自分の死後、相手の老後を助けてあげることもできない。のこされたほうが住む家を失い、生活に困ることも考えられる。内縁関係を選択するのなら、ぜひそれぞれが遺言書をつくってほしい。

また、遺言書に加えて、「生前三点セット」の作成も欠かせない。相手が病気や事故で手術を受けるといった事態になったときに、法律上の配偶者でなければ同意書にサインすることができないうえ、医師の説明すら聞かせてもらえない可能性があるからだ。また、相手が脳疾患などで倒れて心身が不自由になった場合、内縁関係では金融機関や不動産の取引などの財産管理、病院や介護施設などに入るための手続をすることが難しい。あなたに万一のことがあっても、相手が心おきなくあなたを看病できるように、また生活に不安を抱かなくてすむように、あらかじめ財産管理や介護・医療の手続ができるよう契約書をつくり、相手に権限を与えておいたほうがいいだろう。

できることなら正式に入籍したいと望む場合は、子どもや親族を説得するための手段として、遺言書を利用することも考えられる。結婚したからといって、配偶者に全財産を渡すわけではなく、子どもたちの遺産相続への期待を十分尊重することをアピールして、安心感を与えるのだ。財産の問題がクリアになれば、子どもたちも親の結婚に寛容な気持ちがもてるようになるかもしれない。

具体的な例としては、子どもたちには彼らが望む財産を相続させて、のこりは配偶者に相続させるとか、配偶者には住む家だけのこしてほかの財産は子どもたちに相続させる、といった内容が考えられる。

もし、子どもたちから「遺言書は自由に書き換えられるので信用できない」といわれるのなら、生前贈与や死因贈与（贈与者の死亡によって効力を生ずる贈与契約のこと）を検討してもいい。しかし、自分をまもるためには、自分の財産は死ぬまで自分で自由に処分できるように、なるべく贈与ではなく遺言書という形で対応したほうが安心だ。

▼家族の悩みを軽くするために

どんな家庭でも、家族についてなんらかの悩みを抱えているものだ。あなたも、自分がいなくなったら家族はどうなってしまうのかと心配しているのではないだろうか。遺言書を活用することで、その不安を少しでも軽くできるかもしれない。

たとえば、行方不明の子どもがいる場合、親が亡くなってもすぐには相続手続をすることができない。ほかの相続人が、その子の財産管理人を選任してもらうために家庭裁判所に申し立てをしたり、失踪宣告を出してもらったりしなければならず、とても手間がかかる。

このような場合は、あらかじめその子ども以外の相続人に財産を相続させるようにして、いつか子どもが戻ってきたら、相続財産の中からその子の遺留分相当額を渡すように遺言書で指定すればいい。そうすれば、ほかの相続人にとっては相続手続をスムースに行えるし、行方不明の子どもの利益も確保することができる。

また、親の財産をあてにして放蕩《ほうとう》三昧の生活をしているような子どもがいるのなら、こらしめるためにその子の相続分を少なめに指定したり、第三者に財産を遺贈してもいいかもしれない。親に暴力をふるうような子どもがいれば、相続人から廃除するように遺言書で指定することもできる。

■遺言書をつくるタイミングは?

遺言書に興味はあっても、きっかけがなければ何もしないまま時間がたってしまうものだ。次のような出来事を遺言書をつくるきっかけと考え、具体的な準備を始めてはいかがだろうか。

▼両親や配偶者、きょうだいの死

身近な人が亡くなると、自らの死を意識せざるをえない。両親の死を迎えれば次は自分たちの番だと思うだろうし、配偶者が亡くなったらなおさらだ。将来自分が死んだときに、誰が財産を相続するのか、なんの問題も起きないのか、など真剣に考えるようになり、いやおうなく遺言書の作成が現実のものとしてみえてくるはずだ。

▼定年退職や早期退職、還暦など

長年勤めた職場を去って新しい生活を始めたり、還暦などの人生の節目を迎えると、あらためて今後の生活について考えてみようという思いを抱くものだ。このようなときを機に遺言書のことを考えてみるのもいい。それによって、現在の財産や人間関係を総点検することになり、今後の人生を誰とどう生きていくのかを考えるうえでの助けになる。また、自分の死についてあらためて認識することで、のこりの人生を有意義なものにしようという意欲が湧いてくるだろう。

▼生命保険の見直し

新しい生命保険に加入したり、契約の更新の時期を迎えたときには、遺言書をつくる好機だと考えてほしい。すでに述べたように、生命保険は金銭面の保障だけだが、遺言書をつくれば家族の生活面の保障をすることができる。保険を見直すときはぜひ、「生命保険と遺言書は車の両輪」という言葉を思い出してほしい。

■遺言書は人生の節目ごとに書き換える

遺言書には有効期限がないので、一度つくれば一生もつ。しかし、時間がたつにつれて遺言書に書かれた財産の内容は変動するし、あなたを取り巻く環境や人間関係も変わるはずだ。実情にあわない遺言書をそのまま放置しておくとトラブルの原因になるので、そのときはなるべく書き換えよう。

特に、離婚したり養子縁組を解消したりしたときは、すみやかに遺言書の内容を書き換える必要がある。家族が亡くなったり関係が疎遠になったり、あるいは出産によって家族が増えたりしたときも内容を見直そう。

■親や配偶者に遺言書をつくってもらう方法

私はよく遺言書作成について相談を受けるが、ときには、「父親（または夫）に遺言書をつくってもらうには、どうしたらいいか」と相談されることもある。普段から家族仲が悪く、このまま本人が亡くなると絶対に相続でもめそうだとか、「父親は遺産を私にくれるといっているが、口約束ではなくきちんと文書にしてほしい」など、理由はさまざまだ。

しかし、まったくその気のない相手に遺言書をつくらせるのは至難のわざだ。いきなり「遺言書をつくってくれ」とストレートに頼んでも、「縁起でもない」と怒られたり、「いったい何をたくらんでいるんだ」と、疑いの目を向けられるのが関の山だろう。

それでも遺言書をつくってもらわないと困るという人は、なんとか相手がその気になるように仕向けるしかない。

▼遺言書に興味をもたせるところから始める

芸能人の相続トラブルなど、最近マスコミで取り上げられた遺言や相続に関する話題にふれ、「相続でもめないためには遺言書をつくるのがいちばんだよ」とか、「せっかく遺言書をつくっても、内容に問題があるとかえってトラブルのもとだね」などと水を向ける。あるいは、近所の人や親戚が相続で困ったときの話をして、「親が遺言書をつくっておけば、そんなことにならなかったのに無責任だなあ」「奥さんが気の毒な目にあったのは、旦那さんが口ばっかりで、ちゃんと文書にしなかったせいだ」などと、身近な話題で興味をひく手もある。

また、遺言書に興味がない人は、自分の遺産相続では問題が起きるはずがないという妙な確信をもっていることが多い。それがいかに危うい思い込みにすぎないかを気づかせる必要もある。「法定相続分っていうけど、必ずそのとおりにわけられるわけじゃないから、実際は発言力のある人が財産を一人じめするケースも多いらしいよ」とか、「子どもたちに財産を平等にわければいいっていうけど、生前に親から資金援助を受けている子どもがいると、かえって不公平になってきょうだいげんかになるらしいよ」と、本人の思い込みにゆさぶりをかけてみよう。

とにかく、相続を自分自身の問題として考えさせることが大切だ。自分に何かあったら、本当になんの問題も起きないのか。いまのうちに解決しておくべき課題はないのか。特に、配偶者が病気や障害をもっていたり、子どもの素行に問題があったりすると、自分の死後、彼らがどうなってしまうのかが気にかかるはずだ。そのことをあらためて思い起こさせて、「もし私に何かあったら、あいつはどうなるんだろう」と危機感を抱かせれば、遺言書の作成につながる可能性が高くなる。

▼遺言書作成のきっかけをつくる

あなたが遺言書を書かせたいと思う人が少しでも遺言書に興味を抱いているようなら、きっかけとしてエンディングノートをプレゼントするという手もある。誕生日や還暦、定年退職あるいは古希の記念として贈れば、相手はこれまでの人生をふり返りながら今後のことに思いをめぐらし、自然と自分の死後の問題についても考えるようになるだろう。ノートには遺産について記入する欄もあるので、相手がその部分について興味を示したら、「このノートに書くだけじゃ法的な効力はないんだよ。きちんと公正証書にしないと」と教えてあげれば、一緒に公証役場に行こうという話になるかもしれない。

本人がすでに遺言書の有用性を理解していて、作成しなければと考えている場合には、もっと直接的な方法をとってもいい。具体的なアクションを起こせないのは、自分の財産がどれぐらいあるのか把握していなかったり、どのように遺産をわければいいか迷っていたり、誰に相談したらいいかわからないというのが理由かもしれない。

そんなときは、「財産目録をつくるのを手伝う」「専門家を紹介する」「公証役場に一緒に行く」など、行動を起こすためのあと押しをしてあげるといい。自分の財産が客観的に明らかになれば、生きているあいだに使うものと家族のためにのこすものとの判断がつきやすくなる。

また、専門家からアドバイスをもらうことで、自分では気がつかなかった問題点に気づいたり、迷っていたことに決着がつくかもしれない。

▼あなた自身がつくってみる

いうまでもないが、誰かに遺言書をつくらせようと思うのなら、その前提としてあなた自身が遺言書についての知識をある程度身につけておく必要がある。遺言書によってどれだけ家族が助かるのか、遺言書をつくる本人にとってどんなメリットがあるのかを明確に理解していなければ、相手を説得することはできない。本書を読むことで遺言書の必要性やあらましは理解していただけたと思うが、できればもう一冊、遺言書作成の具体的なノウハウが書かれた本を読んでほしい。そうすれば説得力が増すだろう。

また、意中の相手に、「おもしろかったから、ぜひ読んでみて」と本書を渡して、反応をみるのもいいかもしれない。

そして何より効果的なのは、まずあなた自身が遺言書をつくってみることだ。もっとも身近な存在であるあなたが遺言書をつくることで、つくらせたい相手にとってこれまで他人事だった遺言書が一気にリアルに感じられるようになるだろう。

「なぜ遺言書なんかつくったの」と相手に聞かれたら、素直にその理由を答えればいい。「自分の死後、家族によけいな負担をかけたくないから」「家族の生活をまもってあげたいから」「こういうことが不安だから」……。それに対して、相手は「考えすぎじゃないの」「そんな必要があるの」というように、いろいろ質問してくるだろう。

そこで、あなたは遺言書を実際につくってみた感想を話してあげたり、自分の知識をフル活用して、遺言書をつくることがいかに家族や自分のためになるのかといったことを教えてあげればいい。遺言書は決して特別な人のものではなく、誰にとっても必要なものだということが伝われば、相手もきっと自分のこととして真剣に考えてくれるようになるはずだ。

▼老後の生活・健康不安を話題にする

相手が「自分が死んだあとのことなんてどうでもいい」と思っているならば、別のアプローチが考えられる。そんな人でも、自分の老後のことは気になるはずだ。特に、頭がボケたり寝たきりになることへの不安感は、多くの人がもっていることだろう。第五章で紹介したケースをさりげなく伝えて、なんの準備もしていなければどのような事態になるのか、それを解決するためには具体的にどんな方法があるのかを教えてあげよう。「そんな方法があるとは知らなかった」「たしかにそれは便利だな」と相手が乗り気になったら、あともう一歩だ。

実際に私が遺言書作成の相談を受けるとき、ある程度の年齢の人には「生前三点セット」のことを説明するのだが、たいていの人が「そんな制度があるとは知らなかった」「そういう書類ならぜひつくりたい」と興味を示す。特に、同居中の子どもに財産管理をまかせている人は、財産管理等の委任契約書の必要性について理解しやすいようだ。

このように、いろいろなアプローチで相手の心が動きはじめたら、最後にひとこと、「どれも公正証書でつくるんだから、全部一緒につくってしまえば手間がかからないよ。とりあえず公証役場で相談するだけならタダだから、明日にでも一緒に行こう」などと、誘ってみてはどうだろう。相手はちょっと面倒だなと思うかもしれないが、あなたが公証役場までついていってあげれば、あとは公証人が懇切丁寧に説明してくれる。公証人から話を聞くうちに、相手は元気なうちにいろいろな準備をすることの重要性を強く感じるだろう。また、専門家に頼めば、自分はあまり手をかけなくてもいいということがわかる。どうせなら全部まかせたほうが楽だと思う可能性もある。

当然ながら、これらの書類の作成はあくまでも本人の自発的な意思によってなされるべきであり、無理強いは禁物だが、あなたが遺言書をつくってほしいと思っている相手が少しでも興味をもったら、なんらかの行動を起こしやすいように背中を押してあげるのが、本人のためでもあるのではないだろうか。

エピローグ

■遺言書をつくることに後ろめたさを感じる人たち

私は仕事柄、新聞社やテレビ局から「遺言書の特集をやるので、取材に応じてくれる人を紹介してほしい」といった依頼を受けることがよくある。なぜその人が遺言書をつくろうと思いたったのか、遺言書をつくることで何が変わったのかなどについて、年齢や立場の異なるさまざまなケースを取り上げたいのだという。

もちろん私も、できるなら協力してあげたい。新聞やテレビで紹介されることで、遺言書に興味をもつ人が増えて相続トラブルが減り、自分の望みをかなえられる人が増えるのなら、それはとてもいいことだと思うし、取材を受けた人にとっても自分が遺言書をつくった意義をあらためて自覚することになると思うからだ。

しかし、そのような依頼を受けるたびに私は内心、「それは難しいなあ」と思う。これまでそういった話があっても、応じてくれた人はほとんどいない。唯一応じてくれた人は、まだ遺言書をつくる前の段階で、私に相談する際の後ろ姿だけなら撮影してもいいと了承してくれた。実際に遺言書をつくったあとで取材に応じてくれた人は、一人もいないのが現実だ。理由を聞くと、次のような答えが返ってくる。

「取材の意義はよくわかりますが、私じゃなくてほかの人にしてください。遺言書をつくったことは家族に内緒なので、もし知られたら困るんです」

「私が死んだら家族がもめると思って遺言書をつくったのに、テレビで紹介されたらよけいに家族がもめる原因になってしまうので、やめてください」

いくら担当者が「遺言書の内容は話さなくてもかまわないし、顔も出さない。名前も匿名にするので大丈夫です」と説得しても、「家族にばれる危険があるからいやだ」と、断固拒否する。

もちろん、遺言というのはプライバシーの最たるものの一つなので、それが知られてしまうような場に出たくないという気持ちは私にもよく理解できるし、無理強いするつもりはない。

しかし、これまでに何度か同じようなことを経験するうちに、少しずつ私の中に疑問が芽生えてきた。

彼らは、なぜそんなにもかたくなに、遺言書をつくったという事実を伏せたがるのだろう。遺言書をつくることは、そんなにも後ろめたく、家族にばれたら大変だとビクビクするようなことなのだろうか。遺言書というものは原則として「つくってはいけないもの」で、遺産相続は遺族の自由にまかせるのが美徳だとでも思われているのだろうか。しかし、自分が死ぬときに財産を自分の好きなように処分するのは、財産権の保障された日本において当然の権利ではないのか。そもそも、なぜ遺言書をつくるのに家族の顔色をうかがわなければならないのか。もしかすると、それほど遺言の内容が後ろめたいものばかりなのか……など、いろいろな疑問が出てきたのだ。

もう一つ、奇妙に感じることがある。初対面の人に私の仕事について聞かれたとき、「遺言書の作成をサポートしています」と答えると、相手は決まって、「ああ、遺言書ですか。お金持ち相手の仕事なんですね。私なんて貧乏人だから、一生縁がなさそうですよ」などと、少し茶化したようにいうのだ。

遺言書はお金持ちがつくるものだなんて、いったい誰が決めたのだろう？　法律を調べてみても、財産が一億円未満の人は遺言書をつくってはいけないなんて、どこにも書いていない。

たとえ預貯金が三〇万円しかなくたって、相続手続が必要なのはお金持ちと変わりないのに。

また、「遺言書」という言葉を聞いたとたんに、神妙な顔になる人もいる。「私も最近、自分が死んだらどうなるかってよく考えるんですよ。以前は死について考えるのはタブーという風潮がありましたけど、やっぱりそれじゃいけませんよね。のこりの人生を充実させるためにも、自分の死をみすえることが必要で、遺言書をつくるというのはその延長線上にあるんでしょうね」などと大真面目な顔をしていわれると、不謹慎かもしれないが、「なにも、そんなにおおげさに考えなくても」と、ついいいたくなる。

たしかに、充実した人生を送るうえで、死について考えるのは大切なことだ。しかし、遺言書をつくるときに、そんな哲学的なことを考える必要はない。もちろん考えてもかまわないが、そんなに身がまえなくてもいいのではないかということだ。遺言書をつくるのは、あくまでも遺族が相続手続をするのが楽なようにという配慮からだったり、あるいは自分の願いをかなえるための一つの手段にすぎないのだから。遺言書をつくるのに感傷はいらないと私は思う。

どうもみんな、遺言書をつくるのは特別なことだと考えすぎているのではないかと思えてくる。別にお金持ちでなくても、年齢が若くても、法律上は一五歳以上であれば誰でも遺言をすることができるのだ。遺言書をつくることで後ろめたい気持ちになる必要は全然ないし、妙にかまえる必要もない（生命保険に加入するときに、そんなことをいちいち考えたかを思い出してみてほしい）。

私としては、もっとみんなが気楽に遺言書をつくるようになってほしい。そして、つくったあとの安心感を味わってほしい。きっと、遺言書をつくることで幸せな気分になるはずだから――。そういいたくてたまらないのだ。

■私が三五歳で遺言書をつくったわけ

私事で恐縮だが、私はこれまでに二回、自分の遺言書をつくった。

一度目は三五歳のとき。私と夫には子どもがいなかったので、どちらかにもしものことがあれば、遺産相続が面倒なことになると考えた。別に二人とも、親きょうだいと仲が悪いわけではなく、相続トラブルが予想されるほどの財産もない。しかし、私は、日頃から仕事で他人の相続手続をサポートしているうちに、家庭になんの問題がなくても遺言書をつくることの必要性を痛感していた。私が死んだあと、ただでさえ嘆き悲しんでいるはず（たぶん）の夫に、私の実家との面倒な交渉や、相続手続のわずらわしさを味わわせたくないし、自分も夫の死によってそんな思いをしたくないと、強く思ったのだ。

そこで、バレンタインデーのプレゼントだからということで夫を説得し、お互いに遺言書をつくって交換することにした。会社員の夫は遺言書の書き方なんて全然わからないので、私が先に自分の遺言書をつくり、それを見本にして書いてもらった。文面は、「私の全財産を妻（夫）の○○に相続させます」という、実にシンプルなものだ。

これを封筒に入れて、生命保険の証書とともに、「遺言書」というタイトルをつけた文書保管箱に入れ、自宅で保管することにした。本棚にその箱を置いたとき、「やれやれこれでひと安心だ。バレンタインデーのプレゼントとしても、ずいぶん安くすんだし」と、ホッとした。

それから一年あまりたち、私は再び遺言書をつくることにした。実は、思いがけないことに子どもを授かったのだ。もちろん望んでいたことだが、結婚してずいぶんたつし、てっきりもう子どもがいないまま年をとっていくのだと考えていたので、少し戸惑った。

しかし、家族が増えるとなると、以前つくった遺言書の内容を見直したほうがいいだろう。また、前回は自筆証書遺言だったが、この一年間に自筆証書遺言のトラブルをいくつも経験して、やはり公正証書でなければ安心できないと思うようになっていたので、新しい遺言書は公正証書にすることにした。

出産に備えて休みに入ったとき、私はすでに妊娠八か月。お腹が大きくなって外出しづらいので、なるべく公証役場に行かなくてすむようにしようと考えた。公証役場に電話をかけて事情を話すと、必要な書類を郵送すれば公証人が文面を作成してくれるという。もちろん、遺言書の作成当日は公証役場に足を運んだが、事前準備はすべて郵便や電話ですんだので、何一つ大変な思いをせずに作業を進めることができた。

■遺言書をつくることで人生を前向きに生きられる

遺言の内容は結局、前回と同じく、全財産を夫に相続させるというものにした。もちろん、子どもが生まれれば夫と子どもが法定相続人ということになり、実家の親きょうだいは関係がないので、相続トラブルが起きるとはあまり考えられない。しかし、子どもが未成年のうちに相続が発生すると、すんなりとは手続ができず、家庭裁判所に特別代理人の選任を申し立てるなどよけいな手間がかかるので、その手間がかからないようにしようと考えたのだ。

もし私が突然死んだら、おそらく夫は葬儀やら子どもの世話やらで大変な思いをするのに、そのうえ必要な書類を集めて裁判所に行ったり、遺産分割協議書をつくったりといった面倒な思いをさせるのは申しわけない。公正証書遺言があれば、マイホームの共有持分の変更登記や預貯金の名義変更も簡単にできて助かるだろう。そんな配慮もあって、遺言書をつくり直すことにしたのである。

私としては、あくまでも遺言書によって相続手続を簡易化することが目的なので、遺言の内容も事務的なものにするつもりだった。しかし、公証人がそれではあまりにもそっけないと思ったのか、遺言書の文案をつくる際に、「付言事項」として次の文章を添えてくれた。

「私は、生きがいのある仕事と温かい友人と良き伴侶を得ることができ、幸せに思っています。私は結婚以来、夫と苦楽をともにし、助け合い充実した人生を送ることができ、今後もかけがえのない伴侶として生涯をともにしたいと考えており、夫に対し心から感謝しています。私は今後生まれる私の子どもや夫らにおいて、末永く幸せな生活ができるよう心から祈っています」

うーん、さすがに公証人は豊富な経験を積んでいるだけあって、短いけれど心に響く文章だなぁと感じ入った。普段から思っていることでも、このように文章にされると、あらためて家族への感謝の気持ちが湧いてくる。そして、これからも家族とともにいい人生を送りたいと前向きな気持ちになった。

これで私に何かあっても、夫に自分の気持ちを伝えられるし、相続手続で面倒をかけることもない。私は大きくなったお腹をホッとなでおろした。

しかし、仮に私が病気や高齢によって死に直面しているときに遺言書をつくろうと思っても、このように余裕をもって対処することができただろうか。前にも述べたが、私はこれまでに、病床にある人から遺言書をつくりたいと何度か相談を受けてきた。だが、たいていは実現しないまま終わってしまった。やはりまだ体力も気力もあって、家族になんの問題もないうちに遺言書をつくってよかったと思う。

また、遺言書に記載しなかった私の親については、生命保険金の一部が支払われるように手配してある。遺言書だけですべての問題を解決しようとするのではなく、「車の両輪」である生命保険やほかの手段も活用することが大切だと私は考えている。

■将来の家族をまもれるのは、現在のあなたしかいない

最後に、あなたにとって遺言書をつくることはどんな意味があるのか、あらためて問いかけたい。

本書を手にとったからには、あなたはおそらく将来になんらかの不安を抱いているはずだ。自分に万一のことがあったら、家族や大切な人々はどうなるのか。あるいは、親や配偶者が亡くなったら、自分は相続手続で困るのではないか。そんな不安から、遺言書に興味を抱いたの

ではないだろうか。

もし遺言書をつくることで、そのような不安が解消され、大切な家族や友人をまもることができると思うのなら、ためらう必要はない。たしかに、遺言書をつくるには多少の手間と時間もかかるが、それで今後の人生を安心してすごせるのなら、安いものではないか。

まだ若いから、健康だから、財産があまりないから——。いつまでもそんな言い訳をしていては、一生遺言書をつくることはできないだろう。

人生はいつ何が起きるかわからない。年をとり、死ぬ覚悟ができてから遺言書をつくればいいと思っても、そのときには自分の意思表示さえできなくなっているかもしれない。そうなったら、あなたが後悔しようが家族が嘆こうが、すべては手遅れである。

遺言書をつくりたいと思ったら、そのときにすぐ取りかからないと間に合わない。あなたが死んだとき、あなたの大切な人たちにつらい思いをさせず、その生活をまもるには、いまあなたが行動するしかないのだ。

本書を読み終わったら、これまでのためらいを捨てて、具体的なアクションを起こすべく、ぜひ一歩を踏み出してほしい。遺言書をつくろうと決意したなら、その足で近くの公証役場を訪ねてほしい。親や配偶者に遺言書をつくってほしいと願うのなら、さっそく今夜、第六章で紹介した方法をその相手に試してみよう。本書があなたの背中を押す役割をはたすことを私は願っている。

また、私は本書の出版にあたって、一つの夢を抱いている。それは、この本によって、少しでも遺言書の効用を世の中の人にわかってもらい、いずれは生命保険なみの利用率とまではいかなくても、生命保険に入るのと同じぐらいの気軽さで遺言書を作成する人が増えることだ。そうすれば相続手続で悩む遺族が減り、故人の希望がスムースに実現されるようになり、少しおおげさな言い方かもしれないが、世の中が明るくなるのではないだろうか。いつの日か、老いも若きも、年齢や性別にかかわらず遺言書をつくることが当たり前になり、遺産争いが過去の遺物となることを、私は夢見ている。

なお、遺言書の具体的な作成方法について、もっとくわしく知りたいという方は、拙著『願いがかなう遺言書のつくり方』(日本実業出版社)を参考にしていただければと思う。遺言書に書ききれないことや、家族へのメッセージをしたためるためのエンディングノートは、書店にたくさん並んでいる。拙著『大切な人に遺す人生整理帳』(幻冬舎)もその一つだ。遺言書と三点セットの下書きシートも付属しているので、ご利用いただきたい。

実務経験が浅く未熟な私がこのようなテーマで書くことにためらいはあったが、これまで仕事をしてきた中で遺言書をつくることの必要性を痛感したことと、「遺言書＋生前三点セット」という役立つツールを世の中に広く知ってもらい、ぜひたくさんの人に活用してほしいという思いから、執筆を決意した。
執筆にあたっては、取材にご協力いただくとともに豊富な実務経験にもとづく貴重なアドバイスをくださった、公証人の林豊氏、本田恭一氏、小野拓美氏、司法書士の茂木正光氏、NPO法人遺言相続サポートセンター理事長の久保田貞男氏に深く感謝を申し上げる。集英社の編集者、池田千春さんにも大変お世話になった。重ねてお礼を申し上げたい。

二〇〇七年四月

本田桂子

本田桂子（ほんだ けいこ）
一九六九年生まれ。行政書士、一級ファイナンシャル・プランニング技能士、CFP®認定者。NPO法人遺言相続サポートセンター副理事長。法政大学卒業後、会計事務所に勤務。CFP資格を取得し独立系FPとして活躍。遺言書の作成サポートと相続手続を主力業務とする。税理士や司法書士とともに遺言相続サポートセンターを開設し、二〇〇五年に東京都からNPO法人の認証を受ける。著書に『願いがかなう遺言書のつくり方』『大切な人に遺す人生整理帳』などがある。

その死《し》に方《かた》は、迷惑《めいわく》です

集英社新書〇三九三B
二〇〇七年五月二二日 第一刷発行
二〇〇七年八月一四日 第五刷発行
著者……本田桂子《ほんだけいこ》
発行者……大谷和之
発行所……株式会社集英社
東京都千代田区一ツ橋二-五-一〇 郵便番号一〇一-八〇五〇
電話 〇三-三二三〇-六三九一（編集部）
〇三-三二三〇-六三九三（販売部）
〇三-三二三〇-六〇八〇（読者係）
装幀……原 研哉
印刷所……大日本印刷株式会社 凸版印刷株式会社
製本所……ナショナル製本協同組合
定価はカバーに表示してあります。

ISBN 978-4-08-720393-6 C0236

集英社新書・好評既刊

知っておきたい認知症の基本

川畑信也

認知症を心配する人が増えています。実際、認知症高齢者は今後大幅に増加していくと予測されています。一般に年をとると物忘れなどが増えますが、心配いらない物忘れと、認知症の記憶障害とはどう違うのでしょうか。認知症とは、いったいどんな病気で、どのように対処したらよいのでしょう。物忘れ外来で多くの患者を診察している医師が、治療や介護についてやさしく解説します。

60歳からの防犯手帳

中西 崇

治安の悪化、社会の高齢化は、現在急速に進行しています。最近ではお年寄りが犯罪の格好のターゲットになっています。日本の安全神話は完全に崩壊しているのに、昔のよき時代のまま、お年寄りは無防備に暮らしているのです。本書は最近の犯罪状況とお年寄りにありがちな弱点をていねいに解説して、老後の安全な生活のための具体的な対策を提案します。離れて暮らす子ども世代も必携。

リビング・ウィルと尊厳死

福本博文

人生の最期、愛する人にも自分にも、確実にやってくるその時を、どう迎えるか。現代は、科学、医学の発達の結実なのか、生と死の境目で起こることが、より複雑になっていくようにみえる。立ち止まって自分なりに考えてみるべきではないだろうか。最後の権利を主張することは可能なのか。自分の死を自分の手に取り戻すには、どうすればよいのだろうか。